Hans-Ulrich Wehler

NATIONALISMUS

Geschichte – Formen – Folgen

W0058990

Verlag C.H. Beck

Die Deutsche Bibliothek – CIP-Einheitsaufnahme

Wehler, Hans-Ulrich:
Nationalismus: Geschichte – Formen – Folgen /
Hans-Ulrich Wehler – Orig.-Ausg. – München: Beck,
2001
  (C. H. Beck Wissen in der Beck'schen Reihe ; 2169)
  ISBN 3 406 44769 4

Originalausgabe
ISBN 3 406 44769 4

Umschlagentwurf von Uwe Göbel, München
© Verlag C. H. Beck oHG, München 2001
Gesamtherstellung: Druckerei C. H. Beck, Nördlingen
Printed in Germany

www.beck.de

Inhalt

„Die ‚Weltbilder‘, welche durch ‚Ideen‘ geschaffen werden, haben sehr oft als Weichensteller die Bahnen bestimmt, in denen die Dynamik der Interessen das Handeln fortbewegt."

(Max Weber, Gesammelte Aufsätze zur Religionssoziologie, I, Tübingen 1988[5], 252).

Vorwort:
Probleme mit dem Nationalismus

Der Nationalismus begann erst nach der Mitte des 19. Jahrhunderts als ein neuartiges Phänomen zeitgenössische Kommentatoren intensiver zu beschäftigen. Nation, Nationalität, Nationalgefühl – sie galten auch in der frühen Geschichts- und Sozialwissenschaft als so selbstverständlich, dass sie bis dahin kaum einer kritischen Reflexion unterworfen wurden. Dann freilich setzte ein Interesse ein, welches die Forschung allmählich in Gang brachte – bis hinüber in die „Völkerpsychologie", die frühzeitig mit dem Konstrukt des „Nationalcharakters" arbeitete. Größere Resonanz fand die wissenschaftliche Nationalismusforschung aber erst nach dem Ersten Weltkrieg, als zahlreiche neue Nationalstaaten entstanden und das von Woodrow Wilson wie Lenin beschworene Selbstbestimmungsrecht der Völker zur Geltung kam. Mit einer rasch zunehmenden Differenzierung der Ergebnisse hielt diese ältere Forschung auch nach dem Zweiten Weltkrieg an, entfaltete sich aber erst seit den 1960er Jahren in der internationalen „Community of Scholars" auf breiterer Front. Nach mehr als hundert Jahren gelangte sie am Anfang der 1980er Jahre an einen Wendepunkt.

Diese ältere Nationalismusforschung teilte bis dahin, wie aus der Vogelperspektive deutlich wird, einige gemeinsame, weithin für verbindlich gehaltene Prämissen.

1. Die Nation galt ihr als eine quasi-natürliche Einheit in der europäischen Geschichte. Sie hatte dieses Entwicklungspotential seit der Völkerwanderung, spätestens seit dem Mittelalter aufgebaut, so dass die ersten Nationen – wie das oft in biologistischen Metaphern ausgedrückt wurde – nach einem organischen Wachstumsprozess zur Blüte kamen und sich voll entfalten konnten. Häufig gab es auch ein „Dornröschenkuss"-Argument, demzufolge schlummernde Nationen „geweckt" wurden oder irgendwie zu neuem Leben „erwachten". Die Genese dieser Nationen wurde meist als ein divinatorischer Schöpfungsakt vorausgesetzt, aber nie präzise untersucht.

2. Die Nation besitze, lautete eine weitere grundlegende Annahme, das Recht auf ihren eigenen Staat. Neue Nationen dürften ihn sich erkämpfen, alte Nationen, die zeitweilig ohne Staat existierten, müssten ihn wiedergewinnen. So haben namentlich auch deutsche Historiker im Hinblick auf den deutschen Nationalstaat sowohl vor als auch nach 1871 argumentiert.

3. Die Nation bringe allmählich, zumal wenn sie ihre staatliche Hülle besitze, die Ideen- und Wertsysteme hervor, welche die Existenz der Nation rechtfertigten, ihre Vergangenheit deuteten, ihre Zukunft entwürfen. Diese Ideen wurden als Nationalbewusstsein, Patriotismus, Nationalgefühl bezeichnet. Der Begriff „Nationalismus" galt überwiegend als ein pejorativer Ausdruck, der einen exzessiv übersteigerten, bedauerlich eigensüchtigen Patriotismus meinte.

4. Im Grunde herrschte eine Denkfigur Marxscher Provenienz vor: Die vorgegebene politische und sprachliche „Basis" der Nation generiert einen ideellen „Überbau" in Gestalt des Nationalismus. Diese Charakterisierung hätte Experten wie Friedrich Meinecke, Carlton Hayes und Hans Kohn nicht gefallen, geschweige denn Historikern der nächsten Generation wie Hans Rothfels, Theodor Schieder oder Werner Conze. Sie trifft aber den Kern der Argumentation über dieses Abhängigkeitsverhältnis.

Die neuere Nationalismusforschung hat sich seit dem Anfang der 1980er Jahre unter deutlicher Distanzierung von den leitenden Grundannahmen ihrer Vorgänger entwickelt. Das „annus mirabilis" ist 1983, als drei der anregendsten Bücher zu ihrer Problematik, verfasst von Ernest Gellner, Benedict Anderson und Eric Hobsbawm, gleichzeitig erschienen. Seither haben sie in der internationalen Geschichts- und Sozialwissenschaft eine erstaunliche Wirkung entfaltet. Was sind die Eigenarten der neuen Diskussion, die es rechtfertigen, von einer Zäsur zu sprechen?

1. Diese Diskussion beruht erkenntnistheoretisch auf den Ideen des neuen Konstruktivismus, der den vermeintlichen Essentialismus historischer Phänomene auflöst und sie zunächst einmal als Konstrukte des menschlichen Geistes und seiner Ka-

tegorien konzeptualisiert. Das gilt zur Zeit als grundlegende Innovation. Tatsächlich aber handelt es sich um eine Renaissance, da dieser Konstruktivismus eine Rückkehr zur neukantianischen Erkenntnistheorie bedeutet, wie sie bereits bis zur vorletzten Jahrhundertwende entfaltet worden war. Max Webers berühmter Aufsatz über die „Objektivität sozialwissenschaftlicher Erkenntnis" (1904) steht mit seiner unübertrefflichen Klarheit paradigmatisch für das Leistungsvermögen dieser Denkschule.

2. Die neue Forschung insistiert als Erbin der „linguistischen Wende" in den Kulturwissenschaften auf dem Primat der Sprache und der Ideen. Daher geht sie vom Vorsprung des utopischen Entwurfs der Nation als einer zunächst nur „gedachten Ordnung" (E. Francis) aus. Es handelt sich schon deshalb um eine „imaginierte" Nationsgemeinschaft, weil die meisten ihrer Mitglieder selbst in der kleinsten Nation die meisten anderen niemals kennen lernen, obwohl im Kopf eines jeden einzelnen eine Vorstellung von seiner Nation besteht. Diese Zielvision wird dann mit der zunehmenden soziopolitischen Verankerung ihrer Leitideen allmählich verwirklicht. Die klassische Formulierung dieses Denkansatzes stammt von Ernest Gellner: „Nicht die Bestrebungen von Nationen schaffen den Nationalismus, vielmehr schafft sich der Nationalismus seine Nationen."

3. Die ältere Nationalismusforschung ist, aufs Ganze gesehen, noch immer überlegen, was die Analyse der fördernden und restriktiven Bedingungen, nicht zuletzt auch der sozialen Basis angeht, unter denen sich der Nationalismus durchgesetzt hat. Aber die neue Nationalismusforschung besitzt, wie eine Kosten-Nutzen-Abwägung zeigt, ebenfalls deutliche Vorzüge. Sie löst vor allem den Anschein der Natürlichkeit des Nationalismus und der Nation, damit aber die essentialistische Sozialontologie der älteren Schule auf, sie stellt die Priorität des Nationalismus im Gedankenhaushalt und in den Identitätsbildungsprozessen infrage. Sie folgt einem genuin historischen Denkstil, daher insistiert sie folgerichtig auf der anhaltenden Historizität des Nationalismus und der Nation. Sie löst den

Anspruch des Nationalismus auf die ewige Dauer der Nation effektiv auf und betont dagegen den Konstruktcharakter, damit auch die verblüffende Flexibilität, die innere Vielfalt des Nationalismus, der immer wieder neu definiert und mit neuem Inhalt aufgeladen werden kann.

Insgesamt kommt die neue Forschung vielerorts an vergangene Wirklichkeit, aber auch an Nationalismusphänomene unserer unmittelbaren Gegenwart näher heran, als das der älteren essentialistischen Deutung gelungen ist. Sie analysiert die jeweils neuen Utopien des Nationalismus, ihr Durchsetzungsvermögen, ihre Veränderbarkeit, ja ihren Chamäleoncharakter, ungleich weniger jedoch die womöglich wichtigeren und klar erkennbaren Langzeitelemente. Überhaupt tut sie sich aufgrund ihrer eigentümlichen Scheuklappen noch schwer mit der Einbeziehung, erst recht der gerechten Würdigung und der genauen Analyse „realhistorischer", soll hier heißen: nichtsprachlicher Bedingungen, wie etwa der Erfahrung von Krieg und Revolution.

Die neue Forschungsströmung kann mithin Legitimationsprobleme gut erfassen, da das in den Kategorien der „gedachten Ordnung" der nationalen Zielutopie einleuchtend geht. Sie ist aber methodisch relativ schwach, wenn es um den Zerfall älterer Legitimitätsmuster und um die fördernden außersprachlichen Bedingungen für den Aufstieg neuer Legitimationsmuster geht.

4. Der Nationalismus lässt sich mithin als ein umfassendes „Weltbild" (Max Weber) verstehen – als eine „gedankliche Vision" (Pierre Bourdieu), die moderne Welt zu begreifen und einzuteilen. Die von ihm geschaffene Nation ist ein erstaunlicher Konstruktionserfolg, nach dessen vornationalen Grundlagen aber genau zu fragen ist. Auch der hochentwickelte Nationalismus in ausgebildeten Nationalstaaten bleibt in einem plastischen, veränderbaren Aggregatzustand. Nie weist er den Endzustand einer irgendwie „vollendeten" Nation auf. Dieser Aggregatzustand verbindet stabile Langzeitelemente, die wie das Sendungsbewusstsein, die Zukunftsgewissheit, das stützende Geschichtsbild im Ideenhaushalt des Nationalismus tief ver-

wurzelt sind und – trotz typischer Schwankungen – dauerhaft einflussreich bleiben, mit epochenspezifischen neuen Zuschreibungen. Im Grenzfall können diese sogar die überkommenen Langzeitelemente neu definieren, von Grund auf verändern oder sogar ganz abstoßen.

Der Nationalismus geht oft mit anderen Loyalitätsbeständen eine feste oder vorübergehende Fusion ein, z. B. mit den Konfessionen oder historischen Regionen, den städtischen Traditionen oder Ideensystemen wie dem Neuhumanismus. Zum Teil bezieht er auch aus eben diesen Allianzen seine Dynamik und erstaunliche Langlebigkeit.

Seit jeher geht es dem Nationalismus auch immer um eine „legitime Ordnung" des Gemeinwesens, mithin um die Legitimierung seiner nationalen Ordnung. Dabei wird die Nation selber als Legitimationsspender unter Berufung auf historische Traditionen, naturrechtliche Ideen, die „Vorsehung" eines göttlichen Weltplans überhöht – sie wird zum „obersten Legitimitätsprinzip" (Rainer Lepsius). Diese Legitimationsfiktion ist der Kern des Arguments, dass der Nationalismus ein politisches Phänomen der Neuzeit sei.

Obwohl sich der Nationalismus in den letzten beiden Jahrhunderten als ein weltveränderndes Phänomen erwiesen hat, gibt es noch keinen Theoretiker des Nationalismus, der sich mit der analytischen Kapazität eines Machiavelli, Hobbes, Hegel, Marx oder Weber vergleichen ließe. Immerhin hat Max Weber, als Zeitgenosse des Kaiserreichs selber ein leidenschaftlicher Nationalist, in einem imponierenden Akt intellektueller Selbstdisziplinierung die Selbstverständlichkeit des Nationalismus und der Nation radikal infrage gestellt und damit wichtige Perspektiven für die moderne Forschung eröffnet. Die Nation lasse sich, argumentierte er in seinem Monumentaltorso „Wirtschaft und Gesellschaft", weder als eine „empirisch gewonnene Qualität" erklären, noch sei sie mit „Staatsvolk" oder „Sprachgemeinschaft" identisch; zwar knüpfe der Nationalismus an „Massenkulturgüter" wie Sprache und Konfession, an sozialstrukturelle und ethnische Elemente, an die „Erinnerungsgemeinschaft" nach „gemeinsamen Kämpfen auf

Leben und Tod" häufig an. Im Grunde beruhe er aber auf dem aus der „Wertsphäre" stammenden utopischen Entwurf eines Herrschaftsverbandes, der – getragen von spezifischen „Solidaritätsempfindungen" und „Prestige-Interessen" – dem Mythos gemeinsamer Herkunft und der Vision eines gemeinsamen politischen Projekts: des Nationalstaats, verpflichtet sei. Der neuerdings gängige Begriff der „gedachten Ordnung" führt daher unmittelbar auf Webers konstruktivistischen Denkansatz, der die kritische Distanz fördert, zurück. In den beiden letzten Jahrzehnten hat mit der wissenschaftlichen Durchdringung diese kritische Distanz zugenommen. Vielleicht gilt daher die antike Weisheit, dass die Eule der Minerva erst in der Dämmerung ihren Flug antritt, auch für die Nationalismusforschung. Die überzeugenden Gründe, die für ein Ende des Nationalismus sprechen, werden am Schluss erörtert (Kap. X).

Vorerst steht hier die Geschichte des Nationalismus in Europa und Nordamerika im Vordergrund, da dort die Entstehung am klarsten zu erkennen, die Entwicklung am folgenreichsten gewesen ist. Erst danach fällt der Blick auf die außereuropäische Welt. Wegen des knappen Raums ist die Vogelperspektive gewählt worden. Denn nur mit einem gewissen Abstand lassen sich systematische und historische Analyse verbinden, wie das hier das Ziel ist, um die Grundlinien möglichst trennscharf herauszuarbeiten.

Klarheit und ein pointiertes Urteil sind schon deshalb geboten, weil es sich beim Nationalismus um ein Modewort mit einem völlig amorphen Bedeutungsfeld handelt. Als Phänomene des Nationalismus gelten etwa weithin Faschismus und Nationalsozialismus, Sprachentwicklung und politische Religion, ethnische Konflikte und Protektionismus, Minderheitenfragen und Migrationen, Genozid und Krieg. Darüber hinaus wird zur Zeit eine kaleidoskopartige Vielfalt von Formen des Nationalismus gehandelt: religiöse, konservative, liberale, faschistische, kommunistische, kulturelle, politische, protektionistische, integrationistische, separatistische, irredentistische, regionalistische …

Stets aber wird in diesem Band Nationalismus nicht im anklagenden, pejorativen Sinn, sondern – wie das in der internationalen Diskussion der Experten längst üblich ist – als eine nach Möglichkeit neutrale Abkürzung für ein extrem einflussreiches Ideensystem gebraucht.

Vorab sollen zwei Kurzdefinitionen das Verständnis des Textes erleichtern:

Nationalismus soll heißen: das Ideensystem, die Doktrin, das Weltbild, das der Schaffung, Mobilisierung und Integration eines größeren Solidarverbandes (Nation genannt), vor allem aber der Legitimation neuzeitlicher politischer Herrschaft dient. Daher wird der Nationalstaat mit einer möglichst homogenen Nation zum Kardinalproblem des Nationalismus.

Nation soll heißen: jene zuerst „gedachte Ordnung", die unter Rückgriff auf die Traditionen eines ethnischen Herrschaftsverbandes entwickelt und allmählich durch den Nationalismus und seine Anhänger als souveräne Handlungseinheit geschaffen wird. Daher führt die Auffassung, dass die Nation den Nationalismus hervorbringe, in die Irre. Umgekehrt ist vielmehr der Nationalismus der Demiurg der neuen Wirklichkeit.[1]

---

[1] Wie sehr dieser Abriss den Studien bedeutender Nationalismuskenner verpflichtet ist – von Hans Kohn und Theodor Schieder über Eric Hobsbawm und Miroslav Hroch, Ernest Gellner und Benedict Anderson, Rainer Lepsius und John Brevilly bis hin zu Anthony D. Smith und Rogers Brubaker –, wird jeder sachkundige Leser leicht erkennen. Überdies stehen wir immer als Zwerge auf den Schultern von Riesen. Hier ist es erneut Max Weber mit seiner Herrschaftssoziologie, seiner Legitimationslehre und seiner Modernisierungstheorie des Westens.

I. Der Nationalismus: Unikat des Okzidents

Der Nationalismus ist eine geraume Zeit lang, bis in die zweite Hälfte des 19. Jahrhunderts hinein, ganz und gar ein politisches und soziokulturelles Phänomen der europäischen Welt samt ihren kolonialen Ablegern in Amerika gewesen. Außerhalb des Westens ist der Nationalismus in keinem einzigen anderen Kulturkreis entstanden: weder im präkolumbianischen Amerika noch in China oder Japan, weder in Indien und Südostasien noch auf der pazifischen Inselwelt einschließlich Australiens, weder in Afrika noch im Nahen Osten!

Sobald sich der Nationalismus und die Nation als sein Geschöpf im Westen als erfolgreich erwiesen hatten, wurden beide zu eminent exportfähigen Gütern. Während sie übernommen und adaptiert wurden, durchliefen sie einige Veränderungen, stießen aber auch, wie sich herausstellen sollte, auf unüberwindbare Barrieren. Diese Probleme außerhalb des Westens traten aber erst in einer späteren Phase des Nationalismus auf, als er im 20. Jahrhundert zu einer globalen Macht wurde.

Aus diesem Befund ergibt sich die erste Frage:

Warum entstand der Nationalismus nur im westlichen Kulturkreis? Offenbar gehörte er während seiner Genese und frühen Aufstiegsphase zu jenen universalgeschichtlich einzigartigen Erscheinungen, die nur der Okzident hervorgebracht hat. Damit ist freilich sogleich die noch aufzugreifende zweite Frage verknüpft: Warum wurde der Nationalismus zu einem derart attraktiven Exportartikel, obwohl in den Empfängerländern völlig andersartige soziokulturelle und politische Bedingungen vorherrschten?

Geklärt werden müssen daher zunächst der Charakter und die Bedeutung der westlichen Entwicklungsbedingungen des Nationalismus.

II. Entstehung und erste Entwicklung
des Nationalismus

Der Nationalismus ist keineswegs eine Selbstverständlichkeit in der Entwicklung aller Völker und Kulturen. Erst recht ist er alles andere als eine ewige Substanz, unabhängig vom Gang der Geschichte, wie das seine sog. primordialistische Deutung wahrhaben will. Vielmehr geht es zunächst um eine präzise Unterscheidung. Immer schon hat es Loyalitätsbindungen gegeben, welche Menschen an größere Herrschafts- und Solidarverbände gebunden haben. Ihr Bezugspunkt konnte der Familienclan oder die Klientel sein, ein Stamm oder eine Fürstendynastie, eine antike Polis oder später eine okzidentale Stadt, eine Religion oder eine Region. Ein solches Loyalitäts- und Zugehörigkeitsgefühl kann als sozialpsychische, geradezu als anthropologische Konstante gelten. Es hebt das Selbstwertbewusstsein und stärkt das Identitätsgefühl, wenn mit dem Solidarverband, dem man angehört, außer Schutz und Hilfe auch Ansehen und Geltung verbunden sind.

Solche älteren Loyalitätsbeziehungen haben a limine nichts mit dem Nationalismus zu tun. Allerdings können sie später im Rahmen dieses neuen Weltbildes zur Konstruktion einer nationalen Vergangenheit genutzt werden. Sie erodieren auch selten vollständig, sondern halten sich über lange Zeitspannen hinweg als konfessionelle, großfamiliale, regionale Bindungen, die neben dem nationalen Identitätsbewusstsein weiterbestehen oder mit ihm fusionieren. Immer aber, wenn die Verbindlichkeit eines solchen Loyalitätspols nachlässt, schiebt sich in der Konkurrenz der verpflichtenden Anbindungen ein neuer Loyalitätsbezug dominierend in den Vordergrund. So hat etwa der frühneuzeitliche Fürstenstaat eine Loyalität erzwungen, die zunächst neben die Loyalität gegenüber einem Adelsherrn oder einem städtischen Gemeinwesen trat, dann aber diese zu verdrängen suchte; schließlich wurden im Verlauf des inneren Staatsbildungsprozesses solche ehemals autonomen Herrschaftsträger zu abhängigen intermediären Gewalten, ehe sie im 19. Jahrhundert ganz entmachtet wurden.

Da der Nationalismus eine neuartige Loyalitätsverpflichtung darstellt, taucht unabweisbar die Frage nach dem spezifischen historischen Kontext und den Antriebskräften seiner Genese auf: Wann, wo, wie und vor allem warum entstand der Nationalismus? Da der Nationalismus sich anfangs seine Nation schafft, indem er bereits bestehende Herrschaftsverbände umbaut, ist das die erste Frage. Daran schließt sich die zweite nach der Natur des „Rohmaterials" an, aus dem das nationale Weltbild geformt wurde.

Die erste Frage wird angeleitet von der These, dass der Nationalismus nicht allein ein Phänomen des okzidentalen Kulturkreises, sondern dort auch wieder nur der europäischen Neuzeit ist. Folgt man der bewährten Denkfigur von „Challenge" und „Response": der „Herausforderung" durch eine historische Situation und der „Antwort" darauf, lautet die Frage in diesem Fall, welche Herausforderung als Antwort den Nationalismus auf seine Siegesbahn setzte. Auf welche Optionen, die im Haushalt des Zeitalters gespeichert vorlagen, traf die Herausforderung?

Der Nationalismus entsteht als Antwort auf strukturelle Krisen der frühmodernen westlichen Gesellschaften und ihrer ehemals verbindlichen Weltbilder – in der Sprache der modernen Sozialwissenschaft: er geht aus einer kritischen Phase „fundamentaler Verunsicherung" des „Regelvertrauens" hervor. Die klassische Zuspitzung dieser Modernisierungskrisen ist die Revolution. Revolutionen setzen die Erosion der alten Ordnung mit der Folge einer Delegitimierung des traditionellen Institutionengefüges, insbesondere des Herrschaftssystems, voraus. Häufig geht der Kampf um politische Autonomie, nicht selten richtet er sich gegen faktische oder befürchtete Fremdherrschaft. Religiöse Konflikte schüren die Auseinandersetzung, etwa zwischen einem traditionsbewussten Katholizismus und einem siegesbewussten Protestantismus, insbesondere in der radikalisierten Variante des Calvinismus, aber auch zwischen Erlösungsreligion und Säkularisierung als Folge der „wissenschaftlichen Revolution" oder der Aufklärung. Die überkommene Hierarchie der Ständegesellschaft wird, da der Kapitalismus vordringt, durch „marktbedingte Klassen" (Max Weber) infrage gestellt. Neue Machteliten melden ihre Ansprüche an. Die traditionsgeheiligte Herrschaftslehre des fürstlichen Gottesgnadentums wird angezweifelt und gerät unter Rechtfertigungsdruck.

Coups zur Machtergreifung, Überlagerung durch Fremdherrschaft, Sturz eines Tyrannen – solche Zäsuren gibt es in vielen Kulturkreisen. Aber nur im Westen gibt es, bis ins 20. Jahrhundert hinein, diese Art der Revolution als „klassischer" Modernisierungskrise, nur dort die Voraussetzungen, den allgemeinen Kontext, die Ideen, Sozialformationen und Legitimationskämpfe, welche den Sieg der neuen Kräfte ermöglichen. Eben deshalb entsteht auch nur dort der Nationalismus.

Als entscheidend erweist sich die Zuspitzung zu einer tiefen Legitimationskrise, die weder mit den herkömmlichen Zwangsmitteln noch mit dem Rekurs auf bisher bewährte disziplinierende Weltbilder gelöst werden kann. Das ist der Kairos des Nationalismus. Denn er verspricht jetzt, die Herrschaftsordnung und das Gemeinwesen auf eine neue Legitimationsbasis: auf den Willen der souveränen Nation, zu stellen und vertraut fortab auf seine mobilisierenden und integrierenden Fähigkeiten. Insofern ist der aufsteigende Nationalismus im Kern ein politisches Phänomen im Kampf um Herrschaft und ihre Legitimierung.

Zum ersten Mal tauchte die revolutionäre Konstellation im Unabhängigkeitskampf der nördlichen Niederlande gegen die spanische Herrschaft zur Zeit Philipps II. auf. Diese Provinzen hatten seit der Epoche des burgundischen Machtkomplexes ein Zusammengehörigkeitsgefühl entwickelt, das durch weitreichende ständische Autonomierechte gestützt wurde. Der Calvinismus, der sich dort anstelle des Luthertums durchgesetzt hatte, opponierte gegen den orthodoxen Katholizismus der anstürmenden Gegenreformation. Ein spanisches Heer unter Herzog Alba suchte seit 1567 durch Terror neue Fügsamkeit zu erzwingen, trieb aber dadurch 1568 Adel und Patriziat der

Niederlande in den offenen Aufstand, der in einen langwierigen Sezessionskrieg überging. 1581 sagten sich die nördlichen Provinzen von Spanien los: In einem formellen Gründungsakt bildeten sie die selbständige protestantische Republik der Vereinigten Niederlande als Föderation von sieben Regionaleinheiten, die auf genossenschaftlicher Basis, nicht im Stil des bürokratisierten absolutistischen Zentralstaats, zusammenwirkten.

Zum ersten Mal hatte damit eine Peripherie im Kampf gegen das Zentrum, ein übermächtig wirkendes Weltreich, gesiegt. Dank seines hochentwickelten Handelskapitalismus, seiner Kapitalressourcen und seiner Seemacht galt „Holland" ohnehin schon den Zeitgenossen als europäische „Pioniergesellschaft", deren Vorsprung auch im politischen und sozialstrukturellen Bereich beneidet und imitiert wurde. An diesen Sieg in einem revolutionären Unabhängigkeitskampf, in dem sich die Empörung über Fremdherrschaft, religiösen Suprematieanspruch und Autonomieverlust vereinte, und an die Modernität einer „Pioniergesellschaft" heftete sich seither ein stolzes Eigenbewusstsein, das durchaus schon Züge des künftigen Nationalismus aufwies. Die monarchische Welt Alteuropas tröstete sich damit, dass eine Republik, wie das Schweizer Beispiel angeblich zeigte, nur als die Verfassung kleiner Staatswesen fungieren könne.

Das Gegenteil bewiesen die beiden folgenden „klassischen" Revolutionen des Westens: die Englische und die Amerikanische Revolution. Die universalhistorisch entscheidende Zäsur vollzog die Englische Revolution zwischen 1642 und 1659. Wie später als Modell der ersten Industriellen Revolution wurde England jetzt zeitweilig auch zur politischen „Pioniergesellschaft". Aus der Opposition gegen den königlichen Absolutismus und die mit ihm verbundene Abwertung des selbstbewussten Parlaments, gegen die Berufung König Jakobs I. (1603–1625) und Karls I. (1625–1649) auf die angeblich gottgewollten Kronrechte und gegen deren Bemühen um Versöhnung mit der römischen Kurie ging der verhärtete Widerstand eines selbstbewussten Adels und der protestantisch-anglikanischen Staatskirche hervor, der durch den religiösen Fundamentalismus der calvinistischen Puritaner noch gesteigert wurde. Die politisch-puritanische Opposition mündete seit 1642 in den offenen Konflikt mit der Krone und ihren Alliierten.

Dieser Bürgerkrieg gewann durch die kompromisslose Ablehnung einer Rückkehr zum Katholizismus eine Freund-Feind-Dimension, die auch aus der spätestens seit 1585 anhaltenden kriegerischen Rivalität mit der katholischen Großmacht Spanien genährt wurde. Als der König im Januar 1649 von der siegreichen Opposition hingerichtet wurde, setzte sich auch in England unter dem „Protektorat" Oliver Cromwells die Republik unter anderem Namen als „Commonwealth" durch. Zehn Jahre lang hielt sich das „Commonwealth"- und „Protektorats"-Regime Cromwells und seines Sohns, eine tiefe Erschütterung im monarchischen System Europas auslösend, zumal der „linke" Flügel der Puritaner um die „Levellers" und „Diggers" unverhohlen einen Republikanismus mit demokratisch-egalitären Zielvorstellungen verfochten hatte.

Es steht außer Frage, dass der revolutionäre Bürgerkrieg, die gewaltsame Befreiung von der angestammten monarchischen Obrigkeit, der Antikatholizismus und der puritanische Weltveränderungswille, die Fundierung der Republik auf die Zustimmung der „Heiligen" und der Stolz auf die eigene Leistung einen englischen Nationalismus gefördert haben. Es sei „dem Selbstgefühl jeder Nation [...] zugute gekommen", hat Max Weber kühl geurteilt, „wenn sie einmal ihren legitimen Gewalten abgesagt" habe. Dieser Nationalismus legitimierte sich mit dem Rückgriff auf jahrhundertealte Traditionen eines ethnischen Herrschaftsverbandes in isolierter Insellage, vor allem aber auch mit dem alttestamentarisch begründeten Auserwähltheitsglauben leidenschaftlicher Puritaner.

Den nächsten Schritt tat die Amerikanische Revolution seit 1776, mit ihrem Vorlauf schon seit 1765. In den transatlantischen Siedlerkolonien war die königliche Herrschaft seit dem Siebenjährigen Krieg (1756–1763) zusehends in eine Krise geraten. Kleine Gemeinwesen selbstbewusster Engländer mit einem hohen Maß an lokaler und regionaler Selbstverwaltung fanden sich ohne Einfluss auf die wachsende Finanzbelastung und die Kriegführung gegen Indianerstämme oder rivalisierende Mächte wie Frankreich und Spanien. Dagegen war die schmale Schicht amerikanischer Intellektueller, die spätere Generation der „Gründungsväter", mit der politischen Theorie der europäischen Aufklärung aufs engste vertraut.

Als es zum ersten Emanzipationskampf westlicher Kolonien gegen ihre Metropole kam, wurde binnen kurzem eine staatliche Neugründung auf der Grundlage der Volkssouveränität ins Auge gefasst und in der Republik der Vereinigten Staaten von Amerika verwirklicht, die 1783 völkerrechtlich anerkannt wurden. Der konservative Historiker Leopold v. Ranke hat 1854 als Politikberater des bayerischen Königs die weltgeschichtliche Bedeutung dieses Gründungsakts prägnant erläutert: „Dies war eine größere Revolution, als früher je eine in der Welt gewesen war, es war eine völlige Umkehr des Prinzips. Früher war es der König von Gottes Gnaden [...], jetzt tauchte die Idee auf, dass die Gewalt von unten aufsteigen müsse." „Jetzt erst bekam die Repräsentationstheorie ihre volle Bedeutung, nachdem sie einen Staat gebildet hatte."

Die amerikanischen Revolutionäre rechtfertigten ihren Unabhängigkeitskrieg mit der Verteidigung altenglischer Freiheitsrechte gegen die Londoner Despotie König Georgs, insbesondere aber mit dem Sendungsbewusstsein ihrer puritanischen Wortführer, die ein „Neues Zion", eine Musterrepublik, welche der gesamten Welt als leuchtendes Vorbild dienen sollte, aufrichten wollten. Bestärkt wurde ihre Missionsidee durch die Fortentwicklung einer politischen Evolutionstheorie, wonach der Sitz der Weltreiche vom Nahen Osten über Rom und England weiter nach Westen gewandert sei, bis er jetzt in Nordamerika seinen ontologischen Ort gefunden habe. Aus solchen Elementen baute sich ein außerordentlich selbstbewusster Nationalismus auf, dem die Vorherrschaft der imperialen Republik in der „Westlichen Hemisphäre" als ebenso selbstverständlich galt wie die historische Aufgabe, als „Leuchtturm" republikanischer Demokratie dem gesamten Globus das Bild seiner eigenen Zukunft zu zeigen (vgl. Kap. VIII).

Nur sechs Jahre nach der Anerkennung der auf die „Volks-souveränität" gegründeten amerikanischen Republik gewann die Französische Revolution seit 1789 erst für Kontinentaleuropa, dann für einen Großteil der Welt eine Signalbedeutung, ja eine Vorbildrolle, auch im Hinblick auf ihren Nationalismus. Die Finanzprobleme des Landes, der Reformstau, die Erfolglosigkeit der königlichen Außen- und Innenpolitik mündeten in eine fatale Legitimationskrise des Ancien Régime. Das bisher stabilisierende Weltbild vermochte die Privilegienfusion von Thron, Altar und Adel nicht mehr hinreichend abzustützen. Die nach Versailles einberufenen Generalstände warfen alsbald die Verfassungs- und damit die Machtfrage auf. Gefährlich aber wurde diese Lage erst durch die Überschneidung von drei sozialen Bewegungen: dem Elitenprotest der Ständevertreter, dem Aufbegehren der städtischen Unterschichten und der Agrarrevolution gegen das spätfeudale System auf dem Lande.

Abgeordnete wie der Abbé Sieyès erhoben in den Grundsatzdebatten der Nationalversammlung den „Dritten Stand", das städtische Bürgertum, zum eigentlichen Kern der Nation; auf ihrem Willen solle künftig Frankreich beruhen. Wie kurz vorher bei der Gründung der amerikanischen Republik ging aus dem Machtkampf, der erneut, wie in England, mit der Hinrichtung des Monarchen verbunden war, die auf der neuartigen Qualität ihrer Nationssouveränität beruhende erste französische Republik hervor.

Sie war aufs engste verbunden mit den neuartigen Mobilisierungs- und Integrationsideen des französischen Nationalismus: Er beschwor die Einheit der Nation gegen die zahlreichen inneren Gegner und die äußere Bedrohung durch die konservativen Mächte. Das Maximum an Autonomie war auch für ihn nur durch die uneingeschränkte Souveränität des nationalen Staates gewährleistet. An die Stelle der Vielzahl konkurrierender Loyalitäten im Ancien Régime sollte eine einzige, alles beherrschende nationale Identität treten. Daher mussten z. B. Repräsentanten der französischen Juden vor den Emanzipationsgesetzen seit 1791 versichern, dass „die Juden keine Nation mehr sind". Bei all ihren Forderungen beriefen sich die Apostel des

Nationalismus oder national argumentierende Politiker – wie auch zuvor in Nordamerika – auf das Naturrecht, das immer zur Legitimierung einer revolutionären Ordnung vorzüglich geeignet ist. Zwar wurde die Revolution zuerst durch Napoleon, dann durch die zurückgekehrte Monarchie gezähmt. Aber das Fundament des Nationalismus blieb seit den 1790er Jahren erhalten.

Seit den großen Revolutionen in England, Amerika und Frankreich bildete sich eine internationale Konstellation heraus, die man als die zur Imitation verlockende Ausstrahlung einer gelungenen Lösung bezeichnen kann. Der amerikanische Wirtschaftshistoriker Alexander Gerschenkron hat aus der vergleichbaren Konstellation der modernen Industrialisierungsgeschichte das spezifische Verhältnis von „Pionierländern" und „Nachzüglern" hergeleitet. Gibt es einmal eine erfolgreiche Industrielle Revolution, geraten alle entwicklungsfähigen Staatsgesellschaften in einen immensen Nachahmungssog, der durch die imponierende Leistungskapazität des Anführers und den Konkurrenzzwang im Staatensystem ausgelöst wird. Sie müssen dafür dieselben Ressourcen, wie der Spitzenreiter sie besitzt, aufbauen oder, mehr noch, durch Innovation und Substitution ein vergleichbares Potential schaffen.

Im Hinblick auf den Nationalismus gab es seit dem Ende des 18. Jahrhunderts den Demonstrationseffekt von drei solcher Pionier- oder Bezugsgesellschaften, von denen die Faszination eines evolutionsgeschichtlichen Vorsprungs ausging. Entweder waren bestehende Territorialstaaten wie England und Frankreich durch eine innerstaatliche Revolution nationalisiert worden, oder die Staatenunion jenseits des Atlantiks hatte sich von Anfang an als „the first new nation" auf der Basis der Volkssouveränität verstanden.

Was in England nur als Forderung des linken Puritanerflügels aufgetaucht war, das gewann in Nordamerika und Frankreich schon realhistorische Macht: Für die Nation sollte die Gleichheit aller Nationsgenossen gelten, um die intendierte Volkssouveränität von jeder rechtlichen und ständischen Einschränkung zu befreien. Damit aber ging die egalitäre Demokratie eine, wie sich herausstellen sollte, im Sinne ideeller Affinität unauflösliche Verbindung mit dem Nationalismus ein. Auch dieser Nexus erhöhte für innerstaatliche – sei's frühliberale oder sei's demokratische – Oppositionsbewegungen die Attraktion des neuen Modells. Vor allem aber galten die Referenzgesellschaften im Urteil ihrer Umwelt auch schon in jeder anderen Hinsicht als Muster an Modernität. Ihre Staatsorganisation zog Bewunderung auf sich, ob es nun für die einen die föderalistische Republik in Amerika, für die anderen der bürokratisierte Territorialstaat in Frankreich oder die englische parlamentarische Monarchie auf der Basis lokaler Selbstverwaltung war. Ihre Wirtschaftsleistung ließ sie, nachdem England den holländischen Rivalen niedergekämpft hatte, als unangefochtenes Spitzentrio erscheinen.

Kurzum: Ihre Modernisierungsfähigkeit hatte sie ohnehin schon zu Vorbildern gemacht, und der Nationalismus, der in den Konfliktsituationen solche unerhörten Leistungskräfte zu entfesseln fähig gewesen war, schien jetzt zu diesem Erfolgssyndrom als Kennzeichen wahrhafter Modernität noch hinzuzugehören. So sahen es zeitgenössische Intellektuelle und Politiker überall in Europa. Aber auch unabhängig von ihrem Urteil kann man den Nationalismus als ingeniöse soziale Erfindung verstehen, die sich als Antwort auf revolutionäre Krisen des westlichen Modernisierungsprozesses herausbildete. Nachdem sich der Nationalismus aber einmal in einigen Ländern konsolidiert hatte, bildete er ein geistiges Großklima aus, das jahrhundertelang über ihnen stehen bleiben sollte. Freilich trat auch von Anbeginn seine Ambivalenz zutage, denn seine Kraft zur Massenmobilisierung machte ihn nicht nur als Integrationsdoktrin attraktiver, sondern erwies ihn – wie etwa die Reflexion über die Französische Revolution sogleich ergab – als Gefahrenherd für die gesellschaftliche und politische Stabilität.

Das auf manchen bestechend wirkende, streng funktionalistische Hauptargument Ernest Gellners, dass die Bedürfnisse moderner Industriegesellschaften das Medium einer gemeinsamen Sprache, allgemeiner: eine standardisierte Nationalkultur und deshalb einen effektiven Nationalismus verlangten, scheitert nach alledem schon an der Tatsache, dass alle ursprünglichen Nationalismen sich vor der Industrialisierung etabliert haben und der nichtwestliche Nationalismus des 20. Jahrhunderts keine Industrialisierung vorfand oder schnell initiieren konnte.

In allen Pionierländern galt der souveräne Nationalstaat, der durch den Nationalismus integriert und legitimiert wurde, als Hauptziel ihrer nationalen Bewegungen. Insofern wurde der neuzeitliche Staatsbildungsprozess in Gestalt des Nationalstaats weiter fortgesetzt, während der Nationalismus die Nationsbildung mit dem Ziel vollendeter Homogenität und unbestrittener nationaler Identität vorantrieb. Beide Prozesse müssen aber analytisch voneinander getrennt werden.

Das ist auch schon deshalb nötig, weil der englisch-amerikanische Sprachgebrauch „nation-building" mit „state-building" gleichsetzt und daher häufig zu einer Irreführung über den Charakter zweier selbständiger Prozesse führt. Bereits seit der Mitte des 17. Jahrhunderts hat in England „nation" den herkömmlichen Begriff des „body politic" verdrängt und die Bedeutung von Staatsvolk gewonnen, so dass „nation" und „state" kongruente Bedeutungsfelder wurden.

Die äußere Staatsbildung hielt – als Konsolidierung behauptungsfähiger Flächenstaaten – seit dem späten 15. Jahrhundert in Europa an und führte dank einer unerbittlichen Rivalität dazu, dass von rund 450 ehemals selbständigen Herrschaftseinheiten bis 1914 nur mehr zwei Dutzend Staaten übrig blieben.

Die innere Staatsbildung war ein Bestandteil dieses Durchsetzungsvorgangs, da die Institutionen der Finanz-, Militär- und Verwaltungsbürokratie als Staatsapparat entstanden, um Ressourcen für die Behauptung im Konkurrenzkampf zu schaffen, zu bündeln, zu verwalten. In den zukunftsfähigen europäischen Herrschaftsverbänden hatte diese Staatsbildung schon zu einem stabilen Gerüst von Institutionen und ihrer Akzeptanz geführt, noch ehe sich der Nationalismus an die Transformation der Gesellschaft und der Staatsorganisation machte. In einer Langzeitperspektive hat sich dieser Vorsprung der äuße-

ren und inneren Staatsbildung, die zu der erneut genuin europäischen Erfindung des neuzeitlichen Staates führte, als wesentliche, vielleicht sogar als entscheidende Voraussetzung für
den Erfolg des Nationalismus in der westlichen Welt erwiesen;
umgekehrt hat der Nationalismus in Ländern ohne Staatstra-
dition zu einer verhängnisvollen Dauerlabilität geführt.

III. Der Ideenfundus des Nationalismus –
Die Steigerung zur „Politischen Religion"

Wenn der Nationalismus imstande war, in revolutionären Modernisierungskrisen eine neue Legitimationsbasis anzubieten
und obsolete Weltbilder durch sein eigenes Weltbild zu erset-
zen, stellt sich die Frage nach dem Fundus an Ideen, an Sinnres-
sourcen, an symbolischen Traditionsbeständen, auf die er zur
Orientierung zurückgreifen konnte. Damit ist die zweite Frage
verbunden, welche spezifische Selektionsleistung er vollbringen
musste, um aus einem reich gefüllten Ideenhaushalt die für ihn
adäquaten Elemente herauszugreifen. Und schließlich geht es
um die Frage, welche Vorstellungen sich erst als so attraktiv
und dann als so durchsetzungsfähig erwiesen, dass sie obsiegen
konnten.

In allen westlichen Pioniergesellschaften des Nationalismus
gab es einen selbstverständlich wirkenden Rückgriff auf die jüdisch-christliche Tradition. Denn sie hatte im vergangenen
Jahrtausend die Mentalität geprägt und den Denkhorizont be-
setzt. Überdies sind Umbruchzeiten die Stunde des Mythos, der
Stabilisierung und Legitimität verspricht, zugleich aber auch
mit seiner dramatisierenden Deutung des Umbruchs eine tief-
greifende Veränderung verlangt. Deshalb wandten sich auch
die frühen Repräsentanten des Nationalismus dem christlichen
Erbe einschließlich seiner Mythologie zu, meist seiner modernen Variante: dem Protestantismus, und dort wiederum häufig
dem Calvinismus mit seiner auffälligen Fixierung auf das Alte
Testament, das aber im christlichen Traditionsbestand selbstverständlich generell präsent war. Wie sich für die Expansion
des Nationalismus Bezugsgesellschaften herausbildeten, stützte
er sich auch auf eine Bezugsreligion: die christliche mit ihrem
jüdischen Traditionskern.

Überall findet sich der Rückgriff auf vier alttestamentarische
Elemente. An erster Stelle wurde die Vorstellung vom „auser-
wählten Volk" adaptiert – jede Nation sollte einer solchen
Heilsverheißung gewiss sein. Hinzu kam die Vorstellung vom

„gelobten", vom „heiligen Land" als providentieller Heimstätte. Mit diesen beiden Zentralideen war freilich auch das bedrohliche Resultat verbunden, dass jeder gefährliche Gegner zum Todfeind avancieren konnte, da er ein heilsgeschichtlich privilegiertes Volk auf seinem heiligen Territorium infrage stellte. Wie die Israeliten die Kanaaniter und Goliaths Philister als existentielle Feinde stilisiert hatten, gehörte später zum Nationalismus jene Todfeindschaft unauflöslich hinzu, die nicht nur das Verhältnis zu wechselnden Gegnern dramatisierte, sondern auch die Gewaltanwendung rechtfertigte. Von Anfang an war daher in die Selbstdefinition der Nationen die hasserfüllte Absetzung von ihren Feinden eingelassen.

Und schließlich erfolgte der Anschluss an die Tradition des Messianismus im Sinne einer historischen Mission, die durch eine säkularisierte Prädestinationslehre verbürgt wurde. Zugleich schuf dieses Element aber auch das Vertrauen auf einen künftigen Messias oder Heiland, der die Nation an ihr vorbestimmtes Ziel auf dem heiligen Boden des künftigen Nationalstaats führen werde. Aus der Christenlehre des Neuen Testaments kam dagegen der Brüderlichkeitsgedanke hinzu, der es ermöglichte, die Nation nach dem Vorbild der kirchlichen „Communio sanctorum" als eine durch Konvivium und Konnubium brüderlich vereinte Genossenschaft zu verstehen – analog etwa zur jedermann vertrauten Christengemeinde oder zur genossenschaftlichen Gemeinde der mittelalterlich-frühneuzeitlichen städtischen Vollbürger. Befestigt wurden diese Bestandteile der jüdisch-christlichen Überlieferung durch das Naturrecht mit seiner Berufung auf überpositive Rechtsprinzipien und durch die Aufklärung, die das freie Selbstbestimmungsrecht von Individuen verklärte.

Vergegenwärtigt man sich den Siegeszug des Nationalismus, hat es offenbar im Gedankenhaushalt der Zeit keine dem Symbolmagazin der jüdisch-christlichen Überlieferung überlegene Alternative gegeben. Da der Nationalismus in seiner Frühphase immer zuerst eine „gedachte Ordnung" ist, hat diese Rückwendung auf die jüdisch-christliche Tradition seinen gedanklichen Entwurf durch und durch geprägt. Aus dem Arsenal der säkularisierten Leitideen des westlichen Nationalismus sind dann diese nationaltheologischen Denkfiguren in alle anderen Nationalismen eingedrungen und haben sich dort zum Teil mit unterstützenden indigenen Traditionen vermählt. Auf diese Weise entstanden durch die Säkularisierung religiöser Traditionsbestände wichtige Langzeitelemente des Nationalismus von einer verblüffenden Dauerhaftigkeit.

Überall wurde, zunächst in den Geburts-, dann in den Nachfolgeländern des Nationalismus, die nationale Heilsgemeinschaft als privilegierter Herrschafts- und Kulturverband gesehen. An die Stelle des alttestamentarischen Bundes zwischen Jahwe und seinem Volk Israel trat das Bündnis zwischen der „Vorsehung", dem „Weltgeist", der „Geschichte" und der jeweiligen Nation. Immer aber schimmerte das altisraelitische Verhältnis zwischen einem Exklusivgott und seinem „auserwählten Volk" durch. Dieser Pakt ermöglichte zugleich auch eine scharf gezeichnete Ausgrenzung: Wie sich die Israeliten einst von den Unbeschnittenen, die Griechen von den Barbaren unterschieden hatten, konnten jetzt die Nationsgenossen von den „Anderen" unterschieden werden. Das erhöhte die Binnenhomogenität und markierte die symbolisch vertieften Außengrenzen des neuen „auserwählten Volkes" gegenüber seinen Erzfeinden. Seine Werte und Interessen genossen wegen dieses Sonderstatus einen absoluten Vorrang.

Häufig wurde die Herkunft der Nation durch einen linearen und teleologischen Abstammungsmythos aufgewertet, wie das auch die altisraelitische Legende um Moses getan oder wie Vergil in seiner „Aeneis" die geflüchteten Trojaner zu den Stammvätern Roms erhoben hatte. So geisterten auch später noch die Trojaner als Vorväter der Franken, die ein erstes „deutsches" Reich gegründet hätten, durch die Vorstellungswelt. Und reinrassige Arier konnten als völkische Substanz der Deutschen, aber auch (neuerdings wieder) der Inder in Anspruch genommen werden. In jedem Fall stabilisierte der Ahnenmythos in einer chaotisch wirkenden Welt schnellen sozialen Wandels die ethnische Bruderschaft und die nationale Gemeinschaft. Nicht zu übersehen ist allerdings, dass die Exklusivität des „auserwählten Volkes" mit dem egalitären Anspruch der Nationaldemokratie in ein Spannungsverhältnis trat, das später oft durch die Ausscheidung aller die ersehnte Homogenität gefährdenden Elemente gelöst wurde.

Das „gelobte Land" der mosaischen Verheißung mutierte zum „Homeland", zum Vaterland, zur heiligen Muttererde. Stets überhöhte der Nationalismus das vermeintlich angestammte Territorium der Nation zu einem geheiligten Aufenthaltsort, der ihr vom Schicksal zugedacht worden sei. In Europa reichten manchmal die soziokulturellen Grenzen zur verbindlichen Absteckung des „gelobten Landes" aus. Sonst wurden „natürliche Grenzen" geschwind erfunden, die angeblich – wie der Rhein für Frankreich, die Alpenpässe für Italien – die eigentliche, vom Schicksal vorherbestimmte nationale Ausdehnung markierten. Mit anderen Worten: Der Nationalismus rekonstruierte das vorgegebene ethnische Herrschaftsgebiet, das heilige Erbe der Vorväter, als sein nationales Territorium, das als „gelobtes Land" einen hohen Symbolwert in der Wertehierarchie gewann. Es galt zugleich als Heimstätte der Volkskultur, die alsbald „nationalisiert" wurde, aber auch als Ressourcendepot, an das sich dann oft der Wunschtraum der Autarkie heftete.

In den meisten ehemaligen Kolonialländern, die im Verlauf der Dekolonisierung nach 1945 ihre Unabhängigkeit gewannen, konnte jedoch eine solche klare ethnische, soziokulturelle Grenzziehung nicht gelingen, weil sie aus den willkürlich abgegrenzten Verwaltungseinheiten der Kolonialmächte hervorgegangen waren. Deshalb wurden dort nicht selten mysteriöse Kulturen oder Großreiche der Vorzeit – wie etwa Zimbabwe oder Ghana – als Fundamente moderner „Nationalstaaten" konstruiert. Wie immer aber die Vergangenheit des „gelobten Landes" perzipiert wurde, in der Gegenwart musste es völlig autonom, unstreitig souverän sein, um seine Unabhängigkeit bewahren zu können.

Während der Anschluss an die jüdisch-christliche Tradition einen eschatologischen Erwartungshorizont auch für den Nationalismus öffnete, nährte der Messianismus der altisraelitischen Tradition und der neutestamentarischen Variante des Wandercharismatikers aus Nazareth ein nationales Sendungsbewusstsein in gleichwie säkularisierter Form, das der eigenen Nation eine Vorrangstellung in der Welt zusprach. Hegels Lehre von der historischen Mission der okzidentalen Völker hat diesen Denkstil nur noch einmal wirkungsvoll kanonisiert. England wurde z. B. die Aufgabe zugedacht, als „neues Rom" die gesamte Welt zivilisatorisch zu beglücken. Amerika gewann als Musterrepublik eine globale Vorbildfunktion. Frankreich sollte als „grande nation" ebenfalls ein solches Modell abgeben. Am deutschen Wesen sollte die Welt genesen.

Zugleich gehörte zum Messianismus die Erlösergestalt, die entweder ein neues Reich heraufführte oder auf die Endzeit vorbereitete. Darunter ließ sich mühelos ein Gründer oder Retter der Nation vorstellen. Auf jeden Fall war auch der ins Nationale gewendete Messianismus mit der Arroganz des axiomatisch gesetzten eigenen Vorrangs verknüpft.

Die Brüderlichkeitsidee des paulinischen, auch alle Unbeschnittenen umfassenden Christentums wurde zu der Vorstellung von einer brüderlich-egalitären Nationalgenossenschaft umgedeutet. Ohnehin war die christliche Leitidee, dass alle Seelen vor Gott gleich seien, leicht in die säkularisierte Fassung zu verwandeln, dass alle Menschen folgerichtig schon auf Erden gleichgestellt sein sollten. Hier liegen bekanntlich die religiösen Wurzeln der modernen egalitären Demokratie, die von Anfang an in einer engen „Wahlverwandtschaft" (Max Weber) mit dem Nationalismus aufgetreten ist. Unstreitig ist der egalitäre Brüderlichkeitsgedanke an der Starrheit der konkreten Sozialhierarchie oft gescheitert. Doch seinem Anspruch nach hielt er ein demokratisierendes Element lebendig, das traditionale Machtträger mit dem Untergang bedrohte, für seine Anhänger aber das Panier der irdischen Gleichstellung in der Nation aufpflanzte. Der Vergleich zeigt die Allgegenwart dieser ehemals religiösen Elemente in den Nationalismen, wobei eine Dialektik von egalitärem Denken und gleichzeitiger Exklusion vorherrschte. Auch und gerade in der nationalsozialistischen Variante des rassistischen Radikalnationalismus tauchten die

Motive des auserwählten Volkes auf heiliger Erde unter seinem Messias in perverser Verfremdung noch einmal auf.

Schon wegen der Säkularisierung religiöser Traditionen stand der Nationalismus in engster Affinität zur Religion. Angesichts der Entwicklung des Nationalismus zur politischen Religion (zur Zivilreligion oder Säkularreligion) muss die Angemessenheit solcher Begriffe verteidigt werden. (Dagegen scheint der Ideologiebegriff mit seiner prätendierten Unterscheidungskraft, die Wahres und Falsches zu trennen beansprucht, als unangemessen, da der Nationalismus weit eher ein großes kulturelles System wie eine Religion verkörpert). Denn diese Begriffe treffen in der Tat das Zentrum der Wirkungsmacht des Nationalismus.

Man muss zuerst einmal den Begriff der Religion von der historischen Gestalt der vertrauten Erlösungslehren ablösen und sie streng formal als ein kulturelles Deutungssystem bestimmen. Zu seinen unabdingbaren Eigenschaften gehören die folgenden zehn Elemente:

- die Verheißung der Kontingenzbewältigung und der umfassenden Sinndeutung der menschlichen Existenz im Diesseits;
- das Versprechen der Sinnstiftung im Rang einer unfehlbaren Weltdeutung, bis hin zur Forderung des Märtyrertodes für die höchsten Werte;
- das kompromisslose Beharren auf dem Deutungsmonopol über die Auslegung der wahren Lehre im Verhältnis zur Konkurrenz;
- der Entwurf eines umfassenden Weltbildes mit Normen und Verhaltensimperativen für möglichst alle Situationen;
- ein hohes Maß an Elastizität, um trotz des dogmatischen Kerns neuen Umständen gerecht werden zu können;
- die Vergemeinschaftung zu einem Solidarverband mit einer hochgradigen Stabilisierung der „in-group" und schroffer Abgrenzung von „out-groups";
- die Stärkung durch Rituale, welche die Macht des Glaubens, die Weltdeutung, das Zusammengehörigkeitsgefühl erfahrbar machen und die Modellierung der Denkmuster und Verhaltensweisen kontinuierlich fortsetzen;

– die Versicherung tröstender Kompensation für irdische Nachteile entweder durch individuelle oder kollektive Erfolgserlebnisse oder durch die Utopie eines Endzustandes, etwa durch den „Sakraltransfer" (Marc Bloch) auf das säkularisierte Paradies der „vollendeten Nation";

– die Überbrückung der Generationenkluft durch die gemeinsame Glaubenslehre, im Sinn eines verbindlichen Generationenvertrags, der weit über das Einzelleben hinausgreift;

– der Bezug auf eine Transzendenz, die einen verpflichtenden Sinn jenseits des Irdischen glaubwürdig macht, etwa durch den Opfertod für die Nation.

Selbstredend stehen diese Elemente nicht isoliert nebeneinander, sondern greifen, wie beim religiösen Ritual, ineinander. Man kann sich auch streiten, ob die großen Erlösungsreligionen, die unstreitig noch weitere wichtige Merkmale besitzen, nicht zusätzliche Eigenarten, etwa ihre heiligen Texte und ein Corps von Heilsverwaltern, besitzen. Zum einen haben jedoch auch manche Nationalismen ihre „heiligen" Texte, wie etwa die amerikanische Verfassungsurkunde, zum anderen das funktionale Äquivalent von Heilsfunktionären, etwa in der Gestalt des nationalistischen Oberlehrers im „Alldeutschen Verband" oder „Ostmarkenverein".

Große Schriftsteller haben diesen religionsgleichen Charakter des Nationalismus längst vor den professionellen Historikern gesehen. „Die Völker gehen nicht mehr in die Kirche", drückt das ein resignierter Aristokrat in Joseph Roths nostalgischem k.u.k.-Roman „Radetzkymarsch" aus: „Die neue Religion ist der Nationalismus." Nationen, glaubt auch Elias Canetti, sollten „so angesehen werden, als wären sie Religionen". Und wenn ein bedeutender Kultursoziologe wie Norbert Elias konstatiert, dass der Nationalismus „eines der mächtigsten, wenn nicht das mächtigste soziale Glaubenssystem des 19. und 20. Jahrhunderts" sei, hätte er ebenso gut von Religion sprechen können.

Zum Ideenhaushalt des Nationalismus gehören auch durchweg noch drei weitere Elemente. Zur Stilisierung einer vermeintlich nationalen Vergangenheit diente die Berufung auf heroische Urzeiten, die dem modernen Nationalismus als verdiente Auszeichnung galten. Ob Moses' Zug aus Ägypten und die Eroberung des „Gelobten Landes" in Kanaan, ob Athens Schlüsselrolle bei der Bewahrung der Mittelmeerwelt vor der persischen Tyrannei, ob Roms Freiheitsgewinn durch die Vertreibung seines letzten Königs, des despotischen Tarquinius, ob Arminius' Rettung Germaniens vor der römischen Gewaltherrschaft – solche heroischen Taten dienten dem Nationalismus sowohl zur Vergoldung der Vergangenheit als auch als Fundament des Stolzes auf eine uralte „nationale" Sonderstellung. Manchmal wurde auch die Kontinuität der heroischen Taten in einem einflussreichen Nationalepos wie der isländischen Edda, der finnischen Kalevala oder in der Umdeutung der Nibelungen- und Dietrich-Sagen als genuin deutscher Frühgeschichte beschworen.

Häufig verband sich mit dem Rückblick auf die goldene Ära einzigartiger Leistungen von welthistorischer Bedeutung die Vorstellung von einer spezifischen Freiheit. Das klassische Vorbild ist erneut die Freiheitsidee, die dem auserwählten Volk Altisraels im Vergleich mit den Despotien der Zweistromlandkulturen und Ägyptens, ursprünglich von Jahwe, dann von der religiösen Tradition vindiziert wurde. Die Freiheitseroberung und -verteidigung Athens und Roms ist durch den Humanismus, später noch machtvoller durch den Neuhumanismus als Ideenlieferant in den Nationalismus eingespeist worden. In England hielt sich die stolze Tradition der einzigartigen Rechte des „free-born Englishman" als nationale Freiheitsverbürgung. Im deutschsprachigen Mitteleuropa wirkte sich die Leitidee von einer glücklichen Mischung lutherisch geprägter souveräner innerer und staatlich verbürgter Freiheit aus, die das Pathos des deutschen Nationalismus nährte.

Der im Nationalismus allgegenwärtige Mythos der nationalen Regeneration konnte daher auf heroische Gründungsepochen, die unvergängliche Leistung ganzer „Nationen", das übermenschliche Wirken heroischer Führerfiguren (wie Hermann des Cheruskers oder Oguz Khans, des Urzeithelden aller Türken), den kostbaren Schatz einst errungener Freiheiten zurückgreifen, wenn die Nationalbewegungen zum Kampf um die Unabhängigkeit und einen souveränen Nationalstaat antraten und dafür die Renaissance vergangener Größe mit unerschütterlicher Glaubensgewissheit betrieben.

IV. Die neue Zielutopie: Die „Erfindung der Nation" und die historischen Traditionen der Ethnien

Die konventionelle Auffassung von der Nation – und diese Vorstellung ist im kollektiven historischen Gedächtnis von Angehörigen gegenwärtiger Nationalstaaten tief verankert – insistiert darauf, dass diese Nation seit archaischen Urzeiten bestanden habe. Allenfalls sei sie einmal verdeckt, überfremdet, eingeschläfert worden, bis sie erneut erwachte oder geweckt wurde und damit wieder zum Bewusstsein ihrer selbst kam. Sie gilt mithin als ein ahistorisches sozialontologisches Kollektiv.

Das neuere Verständnis von Nationalismus sieht in ihm, wie eingangs bereits betont worden ist, ein durchaus modernes Phänomen, das von der Loyalitätsbindung in älteren Herrschaftsverbänden prinzipiell unterschieden ist. Wegen dieses grundsätzlichen Unterschieds muten die immer noch anhaltenden Versuche mancher Mediävisten und Frühneuzeithistoriker, wenn sie früh- oder protonationale Erscheinungen im Hochmittelalter oder in der Vormoderne glauben feststellen zu können, wie ein von vornherein zum Scheitern verurteiltes Unternehmen an. Denn Stämme, gentilizische und klientelistische Verbände, „Völker" trennt eine tiefe Kluft von der durch den Nationalismus geschaffenen Nation. Der Nationsbegriff im Mittelalter und in der Frühen Neuzeit bezieht sich allein auf landsmannschaftliche Vereinigungen von Studenten, Kaufleuten, Handwerkern, auch auf Adelseliten, die ihren Herrschaftsverband zu repräsentieren beanspruchten; er hat aber gar nichts mit der souveränen Handlungseinheit der modernen Nation zu tun.

Erst der Nationalismus erhebt die Nation zur obersten „Rechtfertigungs- und Sinngebungsinstanz" (Heinrich August Winkler), die andere Halbgötter: ob Stammeshäuptlinge, Könige oder Päpste, verdrängt; er selber gewinnt den Charakter einer politischen Religion. Der Staat muss auf seiner Legitimierung durch den Willen der Nation beruhen. Anstelle der überlieferten „Staatsräson" orientiert sich der Nationalstaat primär

an „nationalen Interessen", nicht selten auch an der „historischen Mission" seiner Nation. Die nationale Identität erlaubt
zwar die Koexistenz mit konfessionellen, regionalen, traditio-
nalen Identitäten, ist aber im Prinzip der höchstrangige Wert.
Das nationale Heimatland gilt jetzt als sakrosankt; ein Tausch
(nach einem Erbfolgestreit) oder eine Abtretung von Teilen dieses Landes sind nicht mehr legitimierbar. Alle diese unverkenn-
baren Eigenarten bilden nicht den Stoff vornationaler Loyalität. Deshalb darf der neuartige Charakter des Nationalismus
und der Nationen durch die fehlgeleitete Behauptung vormo-
derner Frühphasen nicht verwischt werden.

Die neuere kulturgeschichtliche Schule hat in der Nationalismusforschung den Konstruktcharakter von Nationen weithin überzeugend nachgewiesen. Die „natürliche", „ewige"
Substanz der Nation ist dabei genauso aufgelöst worden, wie
diese Schule auch „Klasse" oder „Gender" infrage gestellt hat.
Statt dessen ist der Nachweis geführt worden, dass die Nation
ein vom Nationalismus entworfenes flexibles Produkt der modernen Geschichte ist. Für diese Interpretation hat die inzwischen geradezu modische Denkfigur der „Erfindung von Traditionen" eine wichtige Rolle gespielt. Sie erlaubt es sogar,
Nationen als „Erfindung" von nationalistischen Intellektuellen
zu beschreiben. Im Extremfall gilt die Nation nur mehr als er-
fundenes Narrativ, als „Meistererzählung", als pures Gespinst
von Zuschreibungen. (Die Befürworter verzichten damit auf
jede kausalfunktionale Erklärung, missachten also eine wesentliche Aufgabe der Geschichtswissenschaft). Wenn auch die
plastische Natur des Nationalismus und seiner Nation, ihr
chamäleongleicher Wandel aufgrund jeweils neuer Definitionen
und Zuschreibungen gegen erstarrte essentialistische Denk-
schemata zu Recht betont worden sind, führt doch ein irrege-
leiteter Konstruktivismus, führt der Glaube an die pure Erfindung einer „gedachten Ordnung" der Nation und aller in sie
eingehenden Traditionen in die Irre.

Obwohl der Nationalismus und sein Ziel, die Nation im
souveränen Nationalstaat, in der Tat moderne Phänomene
sind, haben die Protagonisten des Nationalismus doch nicht

das gesamte Konstrukt „erfunden", sondern es zum großen Teil aus Elementen der historischen Tradition zusammengesetzt, im Rückgriff also auf die Geschichte jener Herrschaftsverbände, in denen sich der Nationalismus entwickelte. So fand etwa der Nationalismus in England, in Nordamerika (wo transplantierte Engländer in „Neuengland" lebten) und in Frankreich ethnische Verbände (Ethnien) mit einer Fülle überlieferter Traditionen vor.

Ethnie soll hier heißen: der durch ein stabiles Solidaritätsverständnis geprägte, selbständige Herrschaftsverband mit einem gemeinsamen symbolischen Herkunftsmythos (der weithin auch wieder auf „erfundenen Traditionen" beruht), mit dem wachen Bewusstsein gemeinsamer geschichtlicher Erfahrungen und einer engen Bindung an ein Territorium. Ethnisch heißt daher nicht etwa rassisch, sondern meint eine sozialkulturell-historisch distinkte Population mit einem eigenen Herrschaftssystem.

Aus diesem längst vorhandenen „Rohmaterial", aus dieser historischen Verfügungsmasse der Ethnien, konnten die Vordenker des Nationalismus ein Gutteil ihrer Konstruktionselemente entnehmen. Dort fanden sich bereits effektive Herrschaftsverbände über Jahrhunderte hinweg, bis hin zum neuzeitlichen Staat, eine gemeinsame Sprache und Kultur, gemeinsame Erinnerungen an Siege und Niederlagen, gemeinsame Sitten und Gebräuche wie Baustil, Kleidung, Nahrung, eine erfundene oder arrangierte ethnische Vergangenheit. Die neue „mentale Landkarte" des Nationalismus besaß daher an vielen Stellen die durchaus vertrauten Züge der eigenen Ethnie.

Die vorn erörterte Übernahme jüdisch-christlicher Glaubensvorstellungen und ihre Säkularisierung sind ein Beweis für diesen Vorgang. Wie alle Utopien operierte auch die „gedachte Ordnung" der Nation nicht im luftleeren Raum. Der in der Tat erfindungsreiche Kunstgriff des Nationalismus bestand vielmehr darin, die andersartige Vergangenheit von Ethnien durch Neuinterpretation in eine nationale Vergangenheit zu verwandeln, so dass die Illusion einer lückenlosen, langlebigen Traditionskontinuität entstehen konnte. Unpassende Traditionen wurden ausgeblendet oder umgewandelt, so dass eine passende

Vergangenheit entstand. Wegen dieser vermeintlich tiefen Wurzeln in der Urzeit der Geschichte konnten dann Krisen und Kriege als existentielle Bewährungsproben traditionsgeheiligter Verbände verstanden werden, deren Bewältigung sogar Blutopfer verlangte und rechtfertigte. Denn das Behauptungsstreben uralter „Nationen" sei selbstlos, hieß es, keineswegs von materiellen Interessen bestimmt, und eben deshalb dürfe es das reine Opfer verlangen. Solche Opfer aber bedeuteten Märtyrer für die gute Sache, und Märtyrer steigern, wie das frühe Christentum oder der militante Marxismus zeigen, die Glaubwürdigkeit, ja die Sakralisierung der wahren Lehre.

Zwei Paradoxa sind hierbei nicht zu übersehen: Zum einen sind Nationalismus und Nation (objektiv) durchaus neuartige Phänomene der Moderne, doch für ihre Protagonisten waren sie (subjektiv) uralt. Zum anderen beanspruchte der Nationalismus Gültigkeit als ein universelles Prinzip, so wie jeder ein Geschlecht und ein Knochengerüst hat, insistierte aber auf der Einzigartigkeit seiner jeweiligen Ausprägung. Das bestätigt erneut, wie sehr seine politische Macht von gedanklicher Armut begleitet wurde – und wird. Auf jeden Fall ging von der traditionsnahen Konstruktionsleistung der Nation in einer Krisensituation, die eine neue Weltdeutung begünstigte, eine immense Attraktion aus, da sie eine überzeugende Kontinuität suggerierte, mithin nicht ausschließlich als die Utopie einer „gedachten Ordnung" wirkte.

Zu diesem Zusammenhang von Nationalismus und Ethnien ergeben sich vier Thesen:

1. Wo der Nationalismus in Ethnien mit einem eigenen Staat auf einem bereits fürstenstaatlich homogenisierten Territorium hineinwirkte, verschaffte er seiner Nation und ihrem Nationalstaat eine auf lange Zeit belastbare Basis.

2. Wo der Nationalismus in ethnisch traditionsreiche Solidarverbände (wie die deutschen oder italienischen Staaten des 19. Jahrhunderts) hineinstieß, konnte er ersatzweise die Erinnerung an „Staaten" in einer glorreichen Vergangenheit mobilisieren und damit die Fiktion einer nur kurzzeitig unterbrochenen Kontinuität erzeugen.

3. Wo der Nationalismus in ehemals kolonialen Herrschafts-gebieten mit ethnischem Pluralismus, dagegen ohne einen tra-ditionsbewährten ethnischen Herrschaftsverband, geschweige denn einen modernen Staatsapparat, operieren musste, blieb eine extrem prekäre Labilität als Signatur dieser neuen „Natio-nalstaaten" bestehen.

4. Obwohl eng verwandt, unterscheidet sich die Nation von der Ethnie durch einige zentrale Elemente:

- Auch die Nation wird auf einem historischen Territorium konstituiert, das aber als angestammtes, „heiliges" Land überhöht wird.

- Sie wird, auch als Erinnerungsgemeinschaft, durch eine ge-meinsame Mythologie und Herkunftsverklärung integriert, zehrt aber ungleich stärker vom Bewusstsein der Differenz im Verhältnis zu „Anderen", vor allem von ihrem Auser-wähltheits- und Sendungsglauben mit seiner spezifischen Glücksverheißung.

- Sie lebt unter einem allgemein akzeptierten Herrschaftssys-tem, das aber möglichst auf dem neuartigen Legitimationsti-tel des Willens der souveränen Nation beruhen soll.

- Sie besitzt die Eigenart einer gemeinsamen „popular cult-ure", beansprucht und betreibt aber die Nationalisierung tendenziell aller Lebensbereiche.

- Sie besitzt ein Wirtschaftssystem, in dem die Freizügigkeit möglichst für alle Mitglieder und eine gemeinsame „Bin-nenmoral" gelten, während „Andere" auf eine diskriminie-rende Behandlung und die Folgen der „Außenmoral" (Max Weber) gegenüber Fremden treffen. Außerdem verbinden ge-setzliche Rechte und Pflichten alle Nationsgenossen, wäh-rend Exklusionspraktiken „Andere" ausschließen.

- Vor allem aber unterscheidet sich die Nation von der Ethnie dadurch, dass die Nation als höchste Rechtfertigungsinstanz und Spitze der Wertehierarchie absolute Priorität in An-spruch nimmt, während ihr Nationalismus ein (im Prinzip lückenlos alles erfassendes) Massenphänomen mit der Ten-denz zur Säkularisierung ist.

V. Soziale Trägerschichten des Nationalismus

Lange Zeit ist der Aufstieg des Bürgertums mit der Entfaltung des Nationalismus schlechthin gleichgesetzt worden. Dieses Bürgertum habe, behauptete man, in seinem Grundsatzkonflikt mit Monarchie und Adel den Nationalismus als kongeniale Ideologie hervorgebracht, um die soziopolitischen Machtverhältnisse von Grund auf umstrukturieren zu können, und habe dann konsequent den Nationalstaat unter bürgerlicher Hegemonie geschaffen. In einer derart schlichten Form ist die Deutung schlechthin irreführend. Denn es gibt keine soziale Schicht, Klasse, Elite, die prima facie für den Nationalismus prädestiniert oder gegen ihn gefeit ist. Das Bestechende am Nationalismus ist vielmehr seine erst in Europa, dann weltweit bestätigte Fähigkeit, alle sozialen, konfessionellen, regionalen Grenzen überspringen zu können. Daher darf er nicht mit einer einzigen Sozialformation umstandslos gleichgesetzt werden; an diesem Problem werden die Grenzen eines zu engen sozialhistorischen Interpretationsansatzes sichtbar. Andererseits ist die lange Zeit dominierende Rolle von bürgerlichen Intellektuellen, insgesamt auch des Bildungs- und Wirtschaftsbürgertums, unübersehbar.

Nach alledem empfiehlt es sich, drei typische Phasen in der Entwicklung des Nationalismus und der Nationsbildung zu unterscheiden, wie das als erster Miroslav Hroch getan hat.

1. In einer ersten Phase tragen die literarischen, künstlerischen, historischen Interessen von Intellektuellen dazu bei, dass sich eine gewisse Aufmerksamkeit auf die „nationale" Sprache, die „nationale" Kunst, die „nationale" Vergangenheit richtet. Dieses Interesse schlägt sich vornehmlich in Lexika, Grammatiken, Wörterbüchern, aber auch in Kunstwerken und Quelleneditionen nieder. All diese Werke finden jedoch nur eine sehr begrenzte Resonanz.

2. In der zweiten Phase entfaltet sich ein genuiner Intellektuellen- oder Elitennationalismus. Dabei überwiegen Sympathisanten bürgerlicher Herkunft, es gibt aber auch einen nicht un-

erheblichen Anteil von Adligen, z.B. in Ungarn und in den drei polnischen Teilungsgebieten; in den deutschen Staaten sind es von der neuhumanistischen Bildungsidee erfasste jüngere Edelleute. Kleine Zirkel entwickeln unter Rückgriff auf die vermeintlichen Traditionen ihrer ethnischen Herrschaftsverbände, dazu auf religiöse und naturrechtliche Traditionen gestützt, eine programmatische Vision. Sie stoßen auch schon zu einer riskanten politischen Aktivität mit dem Ziel der Durchsetzung ihrer ideellen Interessen vor. (Ein typisches Beispiel bietet der deutsche Frühnationalismus zwischen ca. 1790 und 1820, dazu Kapitel VIII).

3. Allmählich gewinnen die Vorstellungen des Nationalismus ein stetig wachsendes Einflussfeld, so dass er schließlich Massenbewegungen zu mobilisieren vermag, in denen bürgerliche Intellektuelle als „opinion leaders" oft weiterhin eine Führungsrolle innehaben. Erfasst wird zunächst ein Teil des lese- und schreibkundigen städtischen Bürgertums, obwohl die Nationalisierung frühzeitig auch andere Sozialformationen erreicht. Erst spät wird gemeinhin die bäuerliche und unterbäuerliche Bevölkerung einbezogen.

Die Nationalbewegungen des 19. Jahrhunderts beruhten nur selten auf einer umfassenden, geschlossenen Organisation. Vielmehr stellten sie eine meist relativ lockere, heterogene Verbindung von Individuen, Assoziationen und publizistischen Organen dar. Ihr „eigentlicher Nukleus" (Hagen Schulze) war das reichhaltig ausdifferenzierte bürgerliche Vereinswesen, das Männer mit den unterschiedlichsten Interessen regelmäßig zusammenführte und auf die nationale Vision einschwor.

Denkt man z.B. an die deutsche Nationalbewegung bis 1870, dominierten in ihr durchweg Männer aus der bildungs- und wirtschaftsbürgerlichen Lebenswelt, ergänzt durch enthusiasmierte jüngere Adlige, aber auch eine rasch wachsende Anzahl kleinbürgerlicher Angehöriger der Nationalgemeinde. Und nicht zuletzt teilte die sich in den Arbeiterbildungs-, Gesellen- und Handwerkervereinen entfaltende junge deutsche Arbeiterbewegung durchaus die Zielvorstellung vom freien Zusammenleben gleichberechtigter Staatsbürger in einem künftigen konstitutionellen Nationalstaat. Jedenfalls gilt das für die Phase vom Vormärz bis zur Reichsgründung – danach wurde ihr unter dem Repressionsdruck des Sozialistengesetzes und andersartiger Diskriminierung jede Illusion gleichberechtigter politischer Mitwirkung jahrzehntelang genommen.

War der Nationalstaat, wie in Deutschland und Italien, erst einmal durch einen Gründungskrieg etabliert, entwickelten sich die rechtsliberalen oder konservativen bürgerlichen Sozialformationen zu den eigentlichen Trägern eines Nationalismus, der seine universalistischen Züge schnell aufgab, während sich an ihrer Stelle ein engstirniger Nationalegoismus breit machte. Die Arbeiterklassen wurden durch eine harte Exklusionspraxis aus dem Kernbereich der Nation im Grunde weiter ferngehalten. Der Adel hielt sich aufgrund seiner übernationalen Traditionen und seiner Aversion gegen den herrischen Anspruch des Nationalismus mit seiner bürgerlichen Anhängermehrheit noch länger zurück als die bäuerliche Bevölkerung. In dem Maße jedoch, in dem der Nationalstaat die Sozialisationsprozesse im Bildungssystem und Militärwesen nationalen Imperativen unterwarf, indem in den Medien und in zahlreichen Vereinen der Nationalismus zur selbstverständlichen Glaubenslehre wurde, wirkte sich ein allgemeiner Nationalisierungssog aus, der während außenpolitischer Krisen oder beim Kriegsausbruch 1914 alle sozialen Klassen mit – freilich immer noch sehr unterschiedlich – ausgeprägter Intensität erfasste.

In Ländern jedoch, in denen die schwarze Epoche der „nationalen Unterdrückung" länger anhielt, wie etwa im geteilten Polen und in Irland, konnte der Nationalismus offensichtlich relativ frühzeitig eine größere gesellschaftliche Breitenwirkung: vom Kleinadel über die Städter bis zu den Bergleuten und Bauern erreichen. In diesen beiden Fällen hing sein auffälliger Diffusionserfolg ganz wesentlich damit zusammen, dass im Widerstand gegen die fremdgläubige – protestantische oder orthodoxe – Besatzungsmacht die eigene Religion sich in einen – von Säkularisierungseinflüssen nahezu unberührten – Nationalkatholizismus verwandelte, der mit unerschütterlicher Gewissheit den Sieg seiner Glaubensdoktrin mit der „Wiedervereinigung" der nationalen Selbständigkeit zu einem sakrosankten Doppelziel verschmolz. Noch in den 1980er Jahren ist der Erfolg der polnischen „Solidaritäts"-Bewegung ohne dieses, vom ersten polnischen Papst nachdrücklich befestigte, nationalkatholische Fundament nicht leicht vorstellbar.

In den USA wiederum erwies sich die Mischung von religiös fundiertem Auserwähltheitsglauben, demokratischer Vorbildmission und hart verfolgten wirtschaftsnationalen Interessen, die Großgrundbesitzer und kleine landwirtschaftliche Unternehmer auf ihren Farmen ebenso entschieden wie städtische Industriearbeiter verfochten, in schlechthin jedem Sozialmilieu als durchsetzungsfähig. Der historisch befrachtete Begriff des europäischen Bürgertums lässt sich bekanntlich keineswegs umstandslos auf die nordamerikanische Sozialhierarchie übertragen, aber auch in den Vereinigten Staaten sind bisher die bürgerlichen Mittelklassen nicht die einzigen oder hauptsächlichen Träger des Nationalismus gewesen.

Und in den Empfängerländern des Transfernationalismus kommt man mit der schlichten Gleichsetzung: „Nationalismus = Doktrin des Bürgertums" ohnehin nicht an die Realität heran. Denn bei den auf ihren Integrations- und Mobilisierungsnationalismus setzenden Funktionseliten dieser Länder kann man lange Zeit allenfalls von einem funktionalen Äquivalent zu den bürgerlichen Modernisierungseliten im Nationalisierungsprozess Europas und Nordamerikas sprechen. Erst allmählich haben sich in Lebensführung und Soziallage bürgertumsähnliche Formationen (z. B. in Japan und Indien) herausgebildet.

Um nach dieser unumgänglichen Differenzierung des Problems der sozialen Trägerschichten zu den Ausgangsfragen zurückzukehren:

Weshalb gelang das Vorhaben der frühnationalen Intellektuellen? Warum konnte die Utopie des Ethno- und Elitennationalismus ihre Massenwirksamkeit gewinnen?

VI. Wie und warum gelang die Ausbreitung des Nationalismus?

Die „gedachte Ordnung", die „imaginierte Gemeinschaft" (Benedict Anderson) der Nation musste aus der Welt der Ideen, den Legitimations- und Herrschaftsinteressen folgend, in die Welt der Realität transportiert werden. „Ist das Reich der Vorstellung revolutioniert", hatte bereits Hegel nach der Erfahrung der Französischen Revolution behauptet, „so hält die Wirklichkeit nicht aus." „Der Gedanke geht", formulierte Heinrich Heine wenig später prägnant, „der Tat voraus wie der Blitz dem Donner." „Daher ist eine Idee", schloss sich ihnen Ludwig August v. Rochau, der Theoretiker der „Realpolitik", fünfzig Jahre später an, „welche, gleich viel oder unrichtig, ein ganzes Volk oder Zeitalter erfüllt, die realste aller politischen Mächte." Für das historisch-systematische Interesse ist es aber entscheidend herauszufinden, wie die Transformation solcher Ideen, wie hier derjenigen des Nationalismus, in „Wirklichkeit" verläuft.

Ist der Nationalismus einmal in einer revolutionären Modernisierungskrise als Legitimations-, Mobilisierungs- und Integrationsdoktrin aufgetaucht, bleibt seine Ausbreitung keineswegs nur das Werk schreib- und bekenntnisfreudiger Intellektueller. Vielmehr spielen mindestens sechs Momente eine entscheidende Rolle.

1. Es ist das Verdienst des aus Prag stammenden amerikanischen Politikwissenschaftlers Karl W. Deutsch, dass die Bedeutung der Kommunikationsverdichtung als Bestandteil des Modernisierungs- und damit auch des Nationalisierungsprozesses heute ungleich deutlicher als früher gesehen wird. Es gibt gute Gründe, warum in der modernen Wirtschaftsgeschichte die „Verkehrsrevolution" als eigener dynamischer Prozess innerhalb der Industriellen Revolution gilt. Durch das moderne Verkehrsnetz der Eisenbahnen und Schnellstraßen, durch die Telegraphie und die ubiquitäre Staatspost wurden in der Tat Netzwerke der Kommunikation geschaffen, deren Geschwin-

digkeit und Feinmaschigkeit in den ersten Jahrzehnten des 19. Jahrhunderts noch unvorstellbar gewesen wären. Tausende strömten bereits mit der Eisenbahn zu den großen Sänger-, Turner- und Schützenfesten im deutschen Vormärz. Abertausende eilten mit demselben Verkehrsmittel zu den Protestdemonstrationen der 1848er Revolution.

Hunderttausende von Zeitungen, Zeitschriften und Briefen wurden bereits zu dieser Zeit von der Post zugestellt, und ihr geradezu exponentielles Wachstum sollte seither anhalten. Überhaupt dehnte sich der publizistisch-literarische Markt rapide aus. Tausende von Agenturen, Buchhandlungen und Kolporteuren, die jedes noch so abgelegene Gehöft mit ihren preiswerten Schriften erreichten, versorgten die anwachsende Leserschaft.

Ihre Lesefähigkeit war das Ergebnis des neuzeitlichen Bildungssystems mit seiner allgemeinen Schulpflicht und der rigorosen Bekämpfung des Analphabetentums. Bis zur Jahrhundertmitte erreichte der Alphabetisierungsgrad in den protestantischen deutschen Staaten mehr als achtzig Prozent und entsprach damit derselben Leistung in Schottland und in Neuengland. Überall hatte sich auch ein differenziertes System höherer Schulen und Universitäten entwickelt, in dem die Zehn- bis Fünfundzwanzigjährigen einer langwierigen Ausbildung unterworfen wurden, die sie in aller Regel auch zu aufgeschlossenen Lesern und politikinteressierten Zeitgenossen machte.

Dank der Vorzüge dieser Kommunikationsetablierung und -verdichtung konnten auch die Leitvorstellungen des Nationalismus eine rasch anwachsende Menschenzahl erreichen. Die Vergegenwärtigung der „Kommunikationsrevolution" ermöglicht es daher, den Nationalismus nicht schlichtweg als selbstläufigen Prozess vorauszusetzen, sondern seine Entwicklung in dieser modernisierungsgeschichtlichen und kulturtechnischen Dimension historisch zu rekonstruieren.

2. Der zweite Multiplikator war die Ausbreitung der gemeinsamen „Volkssprache", der Vernakularsprache – ein Vorgang, den man in engster Verbindung mit der Kommunikationsverdichtung zu sehen hat. Diese Expansion beruhte im

Kern auf Gutenbergs Erfindung der Druckpresse. Ohne diese umwälzende technologische Innovation wäre der Siegeszug der Vernakularsprachen unvorstellbar. Denn sie existierten nirgendwo als vorgegebene „Ursprache", wie das etwa die Phantasie älterer Germanisten auch von der deutschen Sprache fingiert hat. Vielmehr ging sie aus einem bestimmten Sprachstil der Hochkultur, aus der Privilegierung eines Dialekts (unter vielen anderen), aus der Anerziehung einer eigens selegierten Sprache hervor.

Es ist viel zu eng, allein im Interesse des neuzeitlichen Kapitalismus an der Verwertung des Drucks die entscheidende Triebkraft zu sehen. Zugegeben, die „Logik" der Kapitalverwertung drängte kraftvoll auf die Ausnutzung des riesigen und ständig weiter wachsenden Leserpotentials, das auf Kommunikation in seiner Vernakularsprache angewiesen war. Aber wichtiger noch war die machtvolle Forderung aller Reformatoren, dass jeder Anhänger des neuen Glaubens die Heilige Schrift in seiner eigenen, nicht der lateinischen Sprache lesen können müsse. Nach Luthers spektakulärem Auftritt auf der historischen Bühne wurden zwischen 1520 und 1540 dreimal soviele Bücher in deutscher Sprache, vornehmlich in ihrer Variante des sächsischen Kanzleistils, verkauft wie in den beiden Jahrzehnten zuvor. Die Alphabetisierung in den protestantischen Territorien im Alten Reich, in den Niederlanden, in England und in Schottland soll nach der Mitte des 16. Jahrhunderts bereits vierzig Prozent der evangelischen Erwachsenen erfasst haben. Die Luther-Bibel erzielte Jahr für Jahr eine beispiellose Auflagenhöhe. Die Werke Luthers, des ersten deutschen Bestsellerautors mit einer Massenleserschaft, erreichten bis 1550 den Umfang eines vollen Drittels aller deutschsprachigen Bücher.

Die großen Lexikographen und Sprachwissenschaftler des 17. und 18. Jahrhunderts haben diesen „Boom" der Druckereierzeugnisse bereits vorausgesetzt und für die Verbreitung ihrer Schriften genutzt. Die philosophischen Köpfe unter ihnen haben währenddessen die entstehenden Vernakularsprachen als heilige Sprachen ihrer Völker überhöht.

Eine Generation nach der anderen hat für ihre massenwirksame Durchsetzung gestritten, bis die Lehrbücher im staatlichen Schulsystem einen verbindlich fixierten Sollzustand anzeigten.

Offensichtlich haben diese Sprachen auch die Möglichkeit eröffnet, sie als neuartige Machtsprachen zu nutzen. Stets aber konnten die Vernakularsprachen dadurch, dass sie Solidarität schufen, die bisher „imaginierte" Gemeinschaft einer real existierenden Nation annähern.

Die Vernakularsprache als Vehikel nationaler Vorstellungen, zugleich aber als Indikator sprachnationaler Einheit und Kultur, ist daher durchweg geschaffen worden, nicht aber gewissermaßen vegetativ herangewachsen (wie auch die Ethnogenese der Herrschaftsbildung folgt – und nicht umgekehrt).

In Frankreich z.B. sprachen nur dreizehn Prozent aller Staatsuntertanen, vor allem im Kerngebiet um die Île de France, zur Zeit der Großen Revolution das moderne Französisch. In der Bretagne dagegen, in Occitanien und im Languedoc, aber auch in vielen anderen Regionen waren Dialekte im Schwang. Im Jahr der italienischen Nationaleinheit (1861) sollen sogar nur 2,5 Prozent der Angehörigen des neuen Staates das moderne Italienisch gesprochen haben, während im Allgemeinen eine verwirrende Vielfalt von teilweise fremdartigen Dialekten vorherrschte, die erst durch den Homogenisierungszwang der staatlichen Schulbildung zurückgedrängt wurden.

Auch im Deutschen Reich von 1871 regierte keineswegs das für alle Staatsbürger verbindliche Hochdeutsch der Schriftsprache. Vielmehr praktizierten Masuren und Hamburger, Bayern und Alemannen Provinzialsprachen, die selbst für den deutschsprachigen Fremden nahezu unverständlich blieben. Auch hier hat erst das staatlich dirigierte Schulsystem mit seiner Kanonisierung des Hochdeutschen die sprachliche Einheit oder zumindest doch die Doppelsprachigkeit erzwungen: Auch noch im 20. Jahrhundert spricht der badische oder niederbayerische Student zu Hause anders als in seinem Universitätsseminar.

Nirgendwo hat eine uralte Nationalsprache die Nation hervorgebracht, vielmehr hat in der Regel erst der Nationalstaat die nationale Hochsprache durchgesetzt. Mit anderen Worten: Nicht die kulturelle Tradition einer Sprache hat den Nationalstaat geschaffen, sondern dieser selber hat erst das „Kulturartefakt" der Nationalsprache zum allgemein verbindlichen Medium gemacht.

3. Fraglos musste auch die Überzeugungskraft der neuen Doktrin des Nationalismus anhalten. Denkmäler und Umzüge, Feste und Hymnen strebten danach, ihn wach zu halten und in den emotionalen Tiefenschichten zu verankern. Zahllose Vereine bemühten sich, das „nationale Erbe" zu verwalten und zu mehren. Die Berufung auf die in eine nationale Tradition umgewandelte Vergangenheit des eigenen ethnischen Verbandes musste ebenso glaubwürdig bleiben, wie die nationalistische Deutung von Krise und Normalität anderen Weltbildern überlegen zu sein hatte. Eben diese Demonstrationsleistung des Nationalismus, dass er das umfassendere, erhebendere, realitätsnähere Weltbild besitze, ist aber während der Nationsgenese überall zu beobachten.

4. Weiterhin hing die Ausbreitung des Nationalismus von der Aktivität und Opferbereitschaft erst der Repräsentanten des Elitennationalismus, dann der Nationalbewegung ab. Nichts entfaltete eine größere Werbekraft als die Bereitschaft, sich als Märtyrer für die ersehnte Nation in die Bresche zu werfen. Dafür gibt es zahlreiche durchschlagende Beispiele aus den polnischen, ungarischen, deutschen, irischen, überseeischen Nationalbewegungen.

5. Währenddessen musste die Nationalisierung der Gesellschaft erfahrbare Fortschritte machen: Kunstwerke wurden als Ausdruck des Nationalcharakters interpretiert. Die Souveränität des Nationalstaats wurde ebenso zum unbezweifelbaren Fixpunkt wie die nationaldemokratische Gleichheit der Nationsgenossen. Allgemeine Interessen – an Wohlfahrt, Ansehen, Entwicklungsfähigkeit – erschienen nur mehr als „nationale Interessen" überzeugend legitimierbar und energisch verfolgbar. Der nationale Markt, die nationale Schul- und Wehrpflicht wurden auf den Fixpunkt des Nationalstaats ausgerichtet.

Kurzum: Von der voranschreitenden Nationalisierung hatte möglichst eine kumulative Wirkung – etwa im Sinn eines Schneeballsystems – auszugehen.

6. Schließlich musste der Nationalismus die Differenz zwischen „uns" und allen „Anderen" vertiefen und mit dem Arsenal seiner Argumente rechtfertigen. Die Außengrenze gewann nationaldistinkte Konturen, die Binnenhomogenität erlebte eine spürbare Verdichtung. Fremdenfeindlichkeit hat es seit jeher in den unterschiedlichsten Herrschaftsverbänden mit den unterschiedlichsten Sozialverfassungen gegeben, jetzt aber konnten selbst Exzesse der Xenophobie als nationaler Imperativ der Exklusion von „Anderen" gerechtfertigt werden. Auf eine Formel gebracht: Die nationale Identität musste im Wettbewerb mit anderen (partikularstaatlichen, regionalen, konfessionellen) Identitäten einen Vorrang gewinnen. Nicht zuletzt wurde dieser Vorgang dadurch befördert, dass allen Nationsgenossen die Teilhabe an der Politikformulierung und Herrschaftsausübung in Aussicht gestellt und das künftige nationale Gemeinwesen zu ihrer Sache erklärt wurde. Diese nationaldemokratische Partizipationsmaxime des „tua res agitur" entband enorme mobilisierende Energien.

In der politischen Praxis erwies sich der Nationalismus trotz mancher ideologischen Starrheit und trotz seiner Neigung zur Nationaldemokratie als ungemein flexibel, da er mit ganz unterschiedlichen Regimeformen und Gesellschaftsverfassungen eine Allianz eingehen konnte. Dabei musste er nicht selten Kompromisse schließen, die nahezu prinzipienfrei wirkten. In den deutschen Staaten z. B. verband er sich mit der spätabsolutistischen oder aufgeklärten Fürstenherrschaft, mit dem Kaisertum, der Republik, der Diktatur; in Frankreich mit der Republik, Napoleons Monokratie, der Monarchie, der Republik, dem autoritären Präsidialsystem de Gaulles. Insbesondere das 20. Jahrhundert hat seine politische Polyvalenz bewiesen. Jetzt zeigte der Nationalismus erst recht, dass er alle politischen Regimegrenzen überspringen, jedermanns Knecht oder Herr sein konnte.

VII. Typologien des Nationalismus

Man hat in den letzten hundert Jahren immer wieder versucht, die irritierende Vielfalt der nationalistischen Phänomene typologisch zu ordnen und zugleich diesen Anlauf zur Strukturierung mit Entwicklungsphasen und regionalen Schwerpunkten zu verbinden. Die altehrwürdigen Idealtypen der „Kulturnation" und der „Staatsnation", die Friedrich Meinecke in „Weltbürgertum und Nationalstaat" (1908) entwickelt hat, haben sich als nur sehr begrenzt tauglich erwiesen. Die Unterscheidung Hans Kohns in seinem Klassiker zur „Idee des Nationalismus" (1944) zwischen einem aufgeklärten, auf individueller Zustimmung beruhenden, zivilgesellschaftlich inspirierten, durchweg lichten westeuropäisch-nordamerikanischen Nationalismus auf der einen Seite, und einem autoritären, ethnisch-rassistischen, durchweg düsteren mittel- und osteuropäischen Nationalismus auf der anderen Seite wurde zwar ideengeschichtlich breit begründet, spiegelte aber doch in sublimierter Form die Frontstellungen der beiden Weltkriege wider. Das hat Liah Greenfeld in ihrem angeblich vergleichenden Überblick „Nationalism" (1992) allerdings nicht davon abgehalten, sämtliche Klischees über den menschenfreundlichen englischen und amerikanischen Nationalismus im Verhältnis zum barbarischen rassistischen deutschen Nationalismus (von „Herder zum Holocaust") mit dem Anspruch auf innovatorische Leistung für ihre Leser noch einmal zu versammeln.

Mit einer analytisch weiterhelfenden Trennschärfe lassen sich dagegen zumindest vier Typen des Nationalismus unterscheiden sowie mit bestimmten Phasen und regionaler Wirksamkeit in Verbindung bringen.

1. In England, Nordamerika und Frankreich bildete der „integrierende" Nationalismus in einer ersten Phase durch eine „innerstaatliche Revolution" (Theodor Schieder) seinen Nationalstaat, wobei ein bereits vorher bestehender Herrschaftsverband auf eine neue Legitimationsbasis umgegründet wurde.

2. Davon lässt sich jene Variante unterscheiden, die als „unifizierender" Einigungs- oder Risorgimento-Nationalismus in einer zweiten Phase aus staatlich getrennten Teilen einer angeblich vorgegebenen „Nation", tatsächlich aus diversen Ethnien, einen Nationalstaat wie das Deutsche Reich und Italien gemacht hat.

3. Als „sezessionistischer" Nationalismus lässt sich in einer dritten Phase jene Art von Nationalismus verstehen, die insbesondere nach 1918 den Zerfall der multinationalen Reiche im Osten und Südosten Europas beschleunigt und dann aus den Trümmern des zaristischen, österreich-ungarischen und osmanischen Großreiches neue Nationalstaaten gebildet hat.

Diese drei Typen in unterschiedlichen Regionen und Zeitspannen dienen nur einer ersten, grobmaschigen Orientierung. In der historischen Wirklichkeit treten selbstverständlich vielfältige Mischformen auf. So verband sich etwa in Italien (ein Name und Begriff, den erst die Französische Revolution erfunden hatte!) der Risorgimento-Nationalismus mit dem Sezessionsnationalismus. In Polen war seit 1916/18 außer dem Sezessions- auch ein unleugbarer Einigungsnationalismus am Werk. Der friedliche Abfall Norwegens von Schweden (1905/1907) lag als Sezessionsvorgang rund fünfzehn Jahre vor der Entstehung der ost- und südosteuropäischen Nationalstaaten.

4. Schließlich gibt es einen Transfernationalismus, der das europäisch-amerikanische Modell weltweit auf andere Ethnien, vor allem auf ehemalige Kolonien übertragen hat. Die Umwandlung Japans nach den Meiji-Reformen seit 1868 ist das erste ins Auge fallende Paradebeispiel für eine solche Übertragung des attraktiven westlichen Erfolgsmodells. Eine wahre Welle von Transfernationalismen schloss sich dann mit der Dekolonisationspolitik nach 1945 an. Nur in Sonderfällen, wie z.B. in Japan, China, Südafrika, traf jedoch der Transfernationalismus auf die relative Stabilität vornationaler Ethnien, so dass er ihre Traditionen für den Nationsimport in Anspruch nehmen konnte. In aller Regel fand er dagegen – wie bereits seit dem frühen 19. Jahrhundert in den lateinamerikanischen Kolonialprovinzen, die sich durch ihre Sezession von der Metro-

pole fast alle in Nationalrepubliken verwandelten – bunt zusammengewürfelte Verwaltungsbezirke vor, welche die Koloni-
alherrn in der Zeit des älteren europäischen Kolonialismus
oder des Imperialismus im 19. Jahrhundert für ihre Zwecke,
über alle Stammes-, Sprach- und Religionsgrenzen hinweg, auf
der Landkarte zurechtgeschnitten hatten. Auf gravierende
Probleme, die durch diesen Nationalismus- und „Nationalstaats"-Export entstanden sind, ist unten noch zurückzukom-
men (vgl. Kap. VIII, 3).

Auch die Vorzüge und Grenzen einer alternativen Typologie
können empirisch überprüft werden. Ihr zufolge lassen sich
unterscheiden:

1. Etablierte ethnische Herrschaftsverbände werden von
innen her nationalisiert (England, Frankreich, Spanien).

2. Staat und Nation entstehen gleichzeitig (Italien, Deutschland).

3. Einwandererstaaten prägen durch eine dominante Kultur
eine heterogen zusammengesetzte Staatsbürgernation (USA,
Argentinien, Australien).

4. Eine Sonderrolle spielen wiederum die aus Kolonialgebieten hervorgehenden Neustaaten.

Die beanspruchten Vorzüge dieser Typologie, die nur unter
3. einen zusätzlichen Gesichtspunkt einführt, wirken allerdings
bisher nicht als durchschlagender Gewinn.

Eins aber sollte, wenn man an die Ausgangsthese in Kapitel I
denkt, aus den Kapiteln II bis IV deutlich geworden sein. Der
neuzeitliche Nationalismus konnte nur deshalb als Unikat im
Westen entstehen, weil allein dort essentielle Voraussetzungen
dafür gegeben waren.

– Nur dort gab es im inneren Staatsbildungsprozess bereits
  hinlänglich konsolidierte Staaten und traditionsgefestigte
  Ethnien, die in einer von den Spannungen des Modernisierungsprozesses herbeigeführten existentiellen Legitimationskrise an dem neuen Weltbild des Nationalismus Halt such-
  ten.

– Nur dort konnte während solcher revolutionärer Modernisierungskrisen eine Zielutopie wie der Nationalismus für

seine „gedachte Ordnung" auf Bestände der politischen Theorie wie etwa die Volkssouveränität und das Selbstbestimmungsrecht zurückgreifen.

– Nur dort gab es einen Fundus von Leitvorstellungen aus der jüdischen Tradition und der christlichen Erlösungslehre, der es erlaubte, mit numinosen Begriffen wie „auserwähltes Volk", „Heiliges Land" und „Messias" das Arsenal des Nationalismus zu bestücken und ihm dadurch die Attraktivität der vertrauten religiösen Vorstellungswelt zu verleihen.

– Nur dort gab es eine bereits in Bewegung geratene Gesellschaft mit zunehmend marktabhängiger Sozialstruktur, mit hoher Mobilität, Vereinsbildung und geschulter Intelligenz, aus deren Zusammenspiel sich nationale Bewegungen formieren konnten.

– Nur dort konnte die als Nationalbewegung auftretende politische Opposition die Übernahme der Staatsherrschaft und den Umbau des Staates öffentlich zu ihrem Ziel proklamieren, die Spielräume an Toleranz und Liberalität ausnutzen, aber auch den offenen Konflikt riskieren und den Sieg ihrer Ordnungsidee mit der historischen Mission ihrer Gesellschaft rechtfertigen.

Kurzum: Nur dort gab es jene einzigartigen Bedingungen, welche die Genese und dann den Siegeszug des Nationalismus bis hin zur Etablierung von Nationalstaaten ermöglichten. Zeitweilig wirkte sein Erfolgsnimbus so intensiv, dass dieser Nationalismus zum weltweit begehrten Exportgut wurde. Hat er damit aber auch, wie er das für die westlichen Staaten und Völker vorher getan hatte, für Gesellschaften unter ganz anderen soziokulturellen und politischen Konstellationen die Büchse der Pandora geöffnet?

VIII. Verlaufsgeschichten des Nationalismus

Der vorn entworfene Grundriss allgemeiner Charakteristika des Nationalismus gewinnt an Überzeugungskraft, wenn er an einigen Beispielen historisch konkretisiert wird. Zu diesem Zweck werden der amerikanische und der deutsche Nationalismus sowie einige Probleme des Transfernationalismus in nichtwestlichen Ländern, vor allem in ehemaligen Kolonialgebieten, erörtert.

1. Der amerikanische Nationalismus

Mit den Vereinigten Staaten entstand eine Republik, die sich von Anfang an auch als Nation verstand. Da der Begründungszwang, eigene Legitimationsvorstellungen während der revolutionären Krise und des Unabhängigkeitskriegs gegen England zu entwickeln, besonders hartnäckig spürbar war, hat es an offenherzigen Argumenten nicht gefehlt, zumal es zu diesem Zeitpunkt schon eine mehr als hundertjährige Vorgeschichte der Aufwertung von Eigenständigkeit in den transatlantischen Kolonien gab.

Denn mit den ersten Siedlern an der „neuenglischen" Küste war auch der puritanische Auserwähltheitsglaube gekommen, der ursprünglich in religiöser Dogmatik, später dann in säkularisierter Form die entstehenden Gemeinwesen als das neue „amerikanische Israel", das „Neue Zion", das „neue Jerusalem", „die leuchtende Stadt auf dem Berge" aufwertete. Dem auserwählten Volk, das daheim nicht geduldet worden war, sollte eine Heimstätte geschaffen werden, in der sich die Regeneration von den Belastungen, die Distanzierung von den Lastern der Alten Welt vollziehen konnte.

Dieser Abwendung von Europa entsprach die Hinwendung zu den Gebieten westlich der Küste als einem neuen „Garten von Eden", in dem der unberührte Boden gewissermaßen die artifizielle Jungfräulichkeit der edlen Gesinnung zu erhalten erleichterte. Mit solchen Hoffnungen verband sich die Erwartung, dank dieser Einzigartigkeit als beispielhaftes Gemeinwesen auf den gesamten Globus einwirken zu können. Auf der Linie dieses Sendungsbewusstseins verstand der einflussreiche Theologe Jonathan Edwards die amerikanischen Kolonien als „Renovator of the World". Und in das frühnationale Selbstverständnis seit dem Beginn der Revolution floss dieser Missionsauftrag, dass „Gott Amerika zur Verwirklichung seines besten Planes bestimmt" habe, von vielen Seiten und von Anfang an ein. Im Amtssiegel der Vereinigten Staaten sollte ursprünglich in Anlehnung an Vergils „Aeneis" stehen: „Magnus ab integro seclorum nascitur ordo", und „Novus Ordo Seclorum" hieß es dann tatsächlich – und heißt es bis heute. Als „Leuchtturm für die erniedrigte und unterdrückte Menschheit" sollte der neue Staat den Weg weisen. Dieser Topos tauchte seither in unzähligen Abhandlungen, Predigten und publizistischen Organen immer wieder auf; er durchzog die Äußerungen und Schriften der „Gründungsväter"; er gab Schriftstellern wie Ralph Emerson und Walt Whitman ihre Heilsgewissheit und Senator Banks 1866 das Überlegenheitsgefühl, „die restliche Welt aufklären und zivilisieren" zu müssen. Der Gedanke, abgeschirmt von der verderbten Welt als Muster diesseitiger Vollkommenheit zu wirken, lag seit jeher im Widerspruch mit der Neigung, diese Mission auch außerhalb des Rückzugsgebiets in der Welt äußerst aktiv zu verwirklichen.

Verstärkt wurde die religiös fundierte Superioritätsdoktrin durch den kraftvollen Einfluss des Naturrechts und die Fortschrittsideen der Aufklärung, unter deren Einwirkung der mentale und institutionelle Emanzipationsakt der dreizehn Kolonien stand. Der puritanische „Covenant" der „Heiligen", Jahwes Bund mit Israel unmittelbar nachgebildet, wurde zum weltlichen Bund vorbildlicher Republikaner umgedeutet. Dadurch entstand ein Scharnier, das calvinistisches Prädestinationsbewusstsein mit säkularisiertem Messianismus vereinigte. Zugleich wurde die universalistische Botschaft des Naturrechts gleichsam amerikanisiert – ein Vorgang, der auch dadurch begünstigt wurde, dass das mitgebrachte „Common Law" wegen seines Präzedenzrechts in der Kolonialgesellschaft, erst recht

nach der Trennung von England, den Rückgriff auf das Naturrecht als Legitimationswaffe nahe legte.

Die Ideale von Tugend und Freiheit, natürlichem Wachstum
und Perfektionierung der menschlichen Gattung, wie sie gerade
dem republikanischen Aufklärungsdenken des 18. Jahrhunderts überall vorschwebten, flossen in den Dekalog der amerikanischen Union ein. Da sich die Gesetze der moralischen und
politischen Gravitation angeblich mit geradezu mechanischer
Zwangsläufigkeit zugunsten dieser musterhaften Republik auswirkten, konnte auch die kontinentale Expansion als Hebam-
mendienst für eine quasi-natürliche Tendenz verstanden werden. Deshalb sprach etwa Parke Godwin kurz vor dem Bürgerkrieg noch immer vom „Naturgesetz" der Ausbreitung, die
Theodore Parker zufolge die Amerikaner auch „unabsichtlich
als Instrumente Gottes" auszuführen hätten.

Mit der religiösen Tradition und dem laizistisch gewendeten
Vollkommenheitsanspruch gingen zudem diejenigen Ideen eine
unauflösliche Fusion ein, die den Angelsachsen eine globale
Kolonisationsaufgabe vindizierten. In Amerika, wo der Erfolg
nach 150 Jahren so sichtbar vor aller Augen stand, rechtfertigte
diese Vorstellung nicht nur den Anspruch auf immer neues
Siedlungsland, sondern auch die Behauptung, damit zugleich
das Gebiet der „angelsächsischen Freiheit" in ihrem „Muster-
land, der Amerikanischen Republik", auszudehnen. Diese Verheißung für die „Anglo-Saxon Race", sich kraft der „Vorher-
bestimmung ihres unaufhaltsamen Fortschritts" die Welt
untertan zu machen, knüpfte nicht nur an einen angeblich
erneut zutreffenden Imperativ des Alten Testaments an. Vielmehr konnte sie auch mühelos rassistische Untertöne bekommen, und der spezifische „Anglo-Saxonism" des 19. und frühen 20. Jahrhunderts hat diese Komponente denn auch in aller
Deutlichkeit besessen.

Knüpfte diese Expansionsmystik an erfolgreiche Praxis und
biblische Gebote an, stammte ein anderes Element, bei dem es
um die typische „Erfindung einer Tradition" ging, aus der an-
tiken Gedankenwelt. Wenn Bischof Berkeley 1726 ausrief:
„Westward the course of empire takes its way", griffen diejeni-

gen Amerikaner, die sich diesen Gedanken alsbald zu eigen machten, wie er bewusst auf die griechisch-römische Lehre von einem providentiellen Machtzentrum zurück, wonach der Sitz der Weltreiche von Osten nach Westen kontinuierlich weiterwandere. Um die Mitte des 18. Jahrhunderts fand ein aufmerksamer englischer Reisender diese Denkfigur in den Kolonien „allgemein verbreitet". Die bevorzugt im Stil des modischen Klassizismus und römisierenden Neuhumanismus argumentierenden „Gründungsväter" haben dieser Bewegung immer wieder ihr Amerika als Endstation zugewiesen.

Auch Jedidiah Morse führte in seiner nachmals berühmten „Amerikanischen Geographie" von 1792 dieses Bild als eine Selbstverständlichkeit ein: „Wahrscheinlich" werde das „American Empire", prognostizierte er, die „letzte Station" werden und zugleich „das größte Imperium, das je bestanden hat" – eben „die Königin der Weltreiche", wie der Neuengländer John Trumbull das 1820 ebenfalls glaubte. Diese Entwicklungslehre zieht sich durch die amerikanische Politiktheorie und Nationalismuswelt des gesamten 19. Jahrhunderts hindurch. An seinem Ende hat Brooks Adams, Henrys klügerer Bruder, diese Weissagung erneut verfochten, als er sie mit der Vorstellung von der inzwischen erkennbaren industriellen Suprematie der Vereinigten Staaten verschmolz.

Für den Nationalstaat der „first new Nation" wurde mithin seit dem 18. Jahrhundert ein „Imperium", im Grunde der gesamte nordamerikanische Kontinent, in Anspruch genommen. Der gegen die englische Kolonialherrschaft opponierende „Continental Congress" von Repräsentanten der schmalen Küstenkolonien gab sich seinen überaus anspruchsvollen Namen ohne jeden Widerstand gegen das ebenso unmäßige wie arrogant wirkende Adjektiv. Seit langem schon hatten Benjamin Franklin und George Washington, John Adams und James Madison ihr „American Empire" in kontinentalem Ausmaß konzipiert, wenn sie nicht gar, wie zeitweilig Thomas Jefferson, „den südlichen Kontinent" noch mit einbezogen, denn „Amerika besitzt ja eine ganze Hemisphäre für sich".

Die zweite Generation der verantwortlichen Washingtoner

Politiker hat den zunächst maßlos wirkenden Anspruch mit durchschlagendem Erfolg verfochten. Außenminister John Quincy Adams etwa beharrte 1819 darauf, dass sich die Welt endlich „mit dem Gedanken vertraut machen muss, den Kontinent von Amerika als das uns zustehende Herrschaftsgebiet zu betrachten"; dem englischen Außenminister George Canning konzedierte er 1821 zwar großzügig Kanada – nachdem es die junge Union seit den 1770er Jahren als „14. Kolonie" begehrt hatte –, doch bedeutete sein „Transkontinentaler Vertrag" ebenso einen gewaltigen Schritt auf diesem Wege wie die von ihm entworfene Monroe-Doktrin eine ideologische Untermauerung dieses Anspruchs darstellte. Seine Nachfolger haben die weit ausgreifenden Pläne, die das „homeland" des „Neuen Zion" ständig erweiterten, bis zur Jahrhundertmitte ausgeführt.

„The principle of our institutions is expansion" – in dieser einprägsamen Formulierung, die Außenminister Everett zu dieser Zeit fand, drückte sich nicht nur die realhistorische Erfahrung der kontinuierlichen Ausbreitung Amerikas aus, vielmehr wurde auch eine Zentralidee seines von Sendungsbewusstsein und missionarischem Eifer getriebenen Nationalismus deutlich. Seit der Unabhängigkeit lenkten die Imperative des Nationalismus, die Ziele des wirtschaftlichen Wohlstands und der gesellschaftlichen Ruhelage, aber auch des möglichst reibungslosen Funktionierens der republikanischen Institutionen auf eine anhaltende kontinentale und kommerzielle Expansion hin.

Madison und Jefferson haben frühzeitig und hellsichtig diese funktionale Abhängigkeit der „Wohlfahrt" des „Neuen Zion" von den verschiedenen Formen kontinuierlicher Ausdehnung prägnant beschrieben. Nicht zuletzt hing – so der Konsens der frühen Machteliten – die Bändigung der rivalisierenden Parteien und großen Interessengruppen von diesem Auslauf für aufgestaute Energien ab. Die damals vorherrschende Überzeugung, dass sich nur kleine Gemeinwesen für die Staatsform der Republik eigneten, wurde zugunsten der Idee eines großräumigen „expanding empire" aufgegeben. Den Machteliten stand dabei durchaus die Erhaltung der Funktionstüchtigkeit des gesamtgesellschaftlichen Systems vor Augen. Ob es sich um die nördlichen Stadteliten, die südstaatliche Pflanzeraristokratie oder um die auswechselbaren Funktionseliten nach dem Bürgerkrieg handelte – die Vorzüge, ja die vermeintliche Notwendigkeit expansionistischer Politik für die Systemerhaltung und die Legitimierbarkeit einer solchen Politik durch einen in kontinentalen, ja globalen Kategorien gefassten Nationalismus blieben ihnen bewusst. Diese Übereinstimmung im Kreise der „decision-makers" hat eine problematische Kontinuität geschaffen, da eine derart motivierte Ausbreitung auch im 20. Jahrhundert von einem expansionistischen Nationalismus abgedeckt wurde.

Einen Ausdruck dieser Anstrengungen, möglichst die gesamte „Westliche Hemisphäre", zumindest auf lange Sicht, dem „Neuen Zion" zu sichern, bildete die schon erwähnte Monroe-Doktrin von 1823. Ihr Hegemonialanspruch war immer imperialer Natur. In ihm verbanden sich geopolitischer Determinismus und antieuropäischer Isolationismus mit dem Leitbild eines „American System", in dem den Vereinigten Staaten die Präponderanz und ein wachsendes nationales Territorium zufiel. Allmählich entwickelte sich die Doktrin zu einem dehnbaren Schutzschirm mit völkerrechtlicher Qualität, unter dem sich die Interessen der USA entfalten konnten. Denn in Washington fielen die Entscheidungen, die das amerikanische Potential in der „Westlichen Hemisphäre" zur Geltung brachten.

Zentrale Elemente des amerikanischen Nationalismus und alle jene Ideen, die den realhistorischen Expansionsprozess rechtfertigten, flossen in der Leitvorstellung der „Manifest Destiny", des vom göttlichen Schicksal erteilten Auftrags, der Vereinigten Staaten zusammen, die zur Dominanz auf ihrem Kontinent und in der Welt prädestiniert seien. Dem Missionsauftrag puritanischer Herkunft folgend, konnte sich das beispielgebende Land republikanisch-demokratischer Freiheit, der Verkörperung des Fortschrittdenkens und seines Imperiums gewiss, in diesem ebenso amorphen wie effektiven Sendungsbewusstsein der „Manifest Destiny" wiederfinden.

Wie in einem Brennglas fing der eminent populäre Begriff das amerikanische Selbstgefühl und das Geltungsbedürfnis seines Nationalismus ein. Als Antriebskraft auch des Imperialismus seit den 1880er Jahren wirkte dieser „Schicksalsauftrag", der die USA zu Großem bestimmt sah, weiter fort. Unverändert sprach der profilierte Journalist William Allen White um die Jahrhundertwende von der „angelsächsischen ,Manifest Destiny' der Welteroberung", denn „so steht es für das auserwählte Volk in Amerika geschrieben". Und Senator Albert Beveridge sah gleichzeitig „Gottes großen Plan geoffenbart" in der Trinität von „Amerikas Wohlstand, Amerikas Suprematie, Amerikas Imperium". In dieser „imperialen Republik" entstehe das „neue Eden für die Wiedergeburt der Menschheit". Gewiss bringe die Anfangsphase auch materiellen Profit, doch auf lange Sicht gehe es unstreitig um das hehre Ziel der „Erlösung der Welt" durch ihre Amerikanisierung.

Die Leitmotive des amerikanischen Nationalismus waren mithin bis zum Beginn des 20. Jahrhunderts voll ausgeprägt und tief verankert. Auch seither ging es in den beiden großen Kriegen und während der Krisensituationen danach immer wieder um eine „neue Weltordnung" unter amerikanischer Hegemonie. Das lässt sich an den Zielvisionen von Woodrow Wilson, Franklin D. Roosevelt, John F. Kennedy und George Bush in immer neuen Varianten, doch mit denselben Grundelementen verfolgen. Unverändert lebte die Überzeugung fort, dass die Welt am „American way of life" genesen werde; zwanglos verband sich damit auch ein interessenbewusster amerikanischer Wirtschaftsnationalismus, der den Binnenmarkt durch hohe Schutzzölle – seit 1865 besaß er das Geburtsrecht auf den Ultraprotektionismus – und die Parole des „Buy American" absicherte, nach außen aber nach Möglichkeit auf der „Offenen Tür" für den Freihandel zugunsten des überlegenen amerikanischen Wirtschaftspotentials in der Agrar- und Industriewirtschaft insistierte.

Diesem fortlebenden Auserwähltheits- und Sendungsglauben entspricht seit jeher – und noch immer – zum einen die Externalisierung des Bösen, zum anderen die Stilisierung des Gegners zum Todfeind, der entweder zerstört oder zur „bedingungslosen Kapitulation" gezwungen werden muss. Diese fundamentalistische Feindschaft zeigte sich zuerst gegenüber den „Kindern des Satans", wie die Puritaner die Indianer oft nannten, dann gegenüber den Engländern König Georgs seit den 1770er Jahren, gegenüber den „Hunnen" Kaiser Wilhelms II., den „Nazis" Adolf Hitlers, den „Gooks" Ho-Tschi-Minhs, den „Horden" Saddam Husseins oder Slobodan Milosevics. Eine solche radikale Stigmatisierung erschwert aber ganz außerordentlich das pragmatische Geschäft, den Frieden wiederzugewinnen.

Andererseits entlastet die Externalisierung des Bösen das eigene Selbstwertgefühl, Selbstverständnis und Selbstbewusstsein. Indem immer neue Erzfeinde ausgemacht werden, bewahrt sie vor Selbstkritik an den eigenen Schwächen. Es gibt keine mit dem Washingtoner Holocaust-Denkmal vergleichbare bundes- oder einzelstaatlichen Denkmäler oder Museen für die fast in den Genozid getriebenen Indianer, auch nicht für die Abermillionen von Negersklaven. Dagegen ist die „Amerikanisierung des Holocaust" (Peter Novick) im Gefolge der modischen „Opferkultur" um die Leidensgeschichte benachteiligter Minderheiten ein neues, auffälliges Beispiel für diese Externalisierung, die sich inzwischen an zahlreichen Mahnmalen des neuen Totenkults ablesen, in zahlreichen Museen verfolgen lässt. Denn die Erinnerung an das Menschheitsverbrechen der Deutschen unter dem Hitler-Regime, den Massenmord an den europäischen Juden, bestätigt die Tugendhaftigkeit der eigenen Gesellschaft; sie befestigt den Glauben an ihre Erlöserrolle in einer Welt, die des „auserwählten Volkes" im „Neuen Zion" jenseits des Atlantik unverändert bedarf.

2. Der deutsche Nationalismus

Am Anfang des deutschen Nationalismus steht keine Revolution. Dennoch ist die schwere Modernisierungskrise, in welche das deutschsprachige Mitteleuropa seit dem Ende des 18. Jahrhunderts nicht nur durch den kriegerischen Export der Französischen Revolution geriet, mit der innerstaatlichen Nationalisierungsrevolution in England und Frankreich sowie mit der revolutionären Nationalstaatsgründung im transatlantischen Neuland strukturell vergleichbar. Die Delegitimierung traditionaler Herrschaft war bereits weit fortgeschritten, die ständische Sozialhierarchie zerbröckelt, die Verbindlichkeit der christlichen Weltdeutung durch die Aufklärung und den „Theologischen Rationalismus" mit ihren Säkularisierungseffekten infrage gestellt; alte Loyalitätsbande hatten sich mithin schon gelockert, als der Vorstoß der Revolutionsheere unter Napoleons Führung zur Zerstörung des traditionellen pluralistischen Systems deutscher Staaten und Herrschaftsverbände, nicht zuletzt zur Auflösung des traditionsgeheiligten, fast tausendjährigen „Heiligen Römischen Reiches" (1806) führte. Eine gewaltige „Flurbereinigung" im Verein mit einem beispiellosen staatlichen Konzentrationsprozess reduzierte von 1802 bis 1815 die Anzahl dieser politischen Einheiten von jenen rd. 1789, die man noch im Jahr 1789 gezählt hatte, auf rd. vierzig! Zugleich wurde vielerorts die Sozialstruktur umgestülpt: zuerst in den aufgelösten geistlichen Herrschaftsgebieten, dann im Gefolge vieler einschneidender Reformmaßnahmen, mit denen die süddeutschen Staaten und Preußen ihre Sozialverfassung rigoros modernisieren wollten, um dem Druck des französischen Pionierlandes standhalten und im Staatensystem wettbewerbsfähig bleiben zu können.

Mit dieser tiefen Modernisierungskrise, in der sich staatliche, sozialstrukturelle und kulturelle Transformationsprozesse mit manchmal bedrückender Gewalt überlagerten, entstand jene „Herausforderung", auf die der junge deutsche Nationalismus seine „Antwort" gab, indem er nach dem Vorbild der bereits nationalisierten westlichen Pionierländer seine Legitimations-, Integrations- und Mobilisierungsideologie entwickelte.

Natürlich hatte es auch hier Vorläuferphänomene gegeben. Seit den 1770/80er Jahren hatte sich etwa die Debatte über eine deutsche Nationalliteratur, ein deutsches Nationaltheater, die Pflege einer deutschen Nationalsprache immer weiter ausgedehnt. Der Personenkult um Friedrich den Großen hatte in Norddeutschland protonationale Züge gewonnen. Die nationalrevolutionären Vorgänge in Nordamerika und Frankreich waren von der politischen Öffentlichkeit der Gebildeten mit höchst angespannter Anteilnahme verfolgt worden. 6000 Veröffentlichungen setzten sich z. B. innerhalb weniger Jahre mit der Bedeutung der Amerikanischen Revolution, oft zustimmend, auseinander, im Hinblick auf die Französische Revolution waren es alsbald sogar noch mehr.

Insbesondere in der kleinen Sozialformation des Bildungsbürgertums, in der zahlreiche Intellektuelle mit einer materiell und sozial ungesicherten Randexistenz den typischen scharfen Außenseiterblick des „marginal man" für eine Umbruchsituation besaßen, meldeten sich die frühen Protagonisten eines deutschen Nationalismus zu Wort. Zu ihnen zählten auch nicht wenige akademisch geschulte Reformbeamte und adlige Reformpolitiker, die während des ersten Jahrzehnts im neuen Jahrhundert zu der Überzeugung gelangten, dass ihre Staaten im Zuge einer defensiven Modernisierung mit dem Ziel der Überwindung der relativen Rückständigkeit in Nationalstaaten umgebaut werden müssten, um jene Mobilisierungs- und Integrationskräfte freisetzen, jenen neuartigen Legitimationstitel und Anspruch auf eigene Identität in drastisch veränderten Herrschaftsterritorien gewinnen zu können, wie man sie mit einer eigentümlichen Mischung von Bewunderung und Hass im überlegenen Frankreich am Werke sah.

Allmählich tauchten in einem geschlossenen politischen Diskurs unter Gleichgesinnten, die einen gemeinsamen Fundus an Denkfiguren und Sprachwendungen teilten, die Konturen einer kleinen deutschen Nationalbewegung auf. Sie besaß alle Züge eines Intellektuellen- oder Elitenationalismus, und in ihrem Ideenhaushalt spielten auch die klassischen Topoi des Nationalismus eine zentrale Rolle: das „auserwählte Volk", das „heilige Vaterland", die „historische Mission", die Todfeinde. Mit Macht wurde zugleich die Vergangenheit nationaldeutsch umgedeutet, der Regenerationsmythos selbstbewusst verfochten. Eine vornehmlich bildungsbürgerliche soziale Trägerschicht für das neue Ideensystem hatte sich inzwischen ebenfalls herausgebildet, die durch ein Netzwerk vielfältiger Kommunikation verbunden war. Sie alle vereinte der Ruf nach der Förderung der deutschen Nation in einem ihre Einheit garantierenden Nationalstaat. Außer dieser Priorität ließ freilich ihre „multiple Identität" auch das Bekenntnis zur preußischen oder bayrischen „Nation" durchaus noch zu. Überhaupt behielt dieser Nationalismus bis weit in das 19. Jahrhundert hinein föderative Zielvorstellungen, da seine Protagonisten aus Respekt vor den einzelstaatlichen Traditionen und aus Angst vor der Republik den unitarisch-zentralistischen Einheitsstaat für unangemessen hielten.

Was für den amerikanischen und vorher den englischen Nationalismus in der Sprache puritanisch-alttestamentarischer Verheißung ausgedrückt worden war, fand sich auch im Sendungsbewusstsein der Wortführer der kleinen deutschen Nationalgemeinde, die sich um die neue politische Religion zusammenfand. „Ich glaube fest daran", verkündete etwa Friedrich Schleiermacher, der erste politische Prediger großen Stils auch als Wortführer des neuen Theologennationalismus und nachmals der bedeutendste protestantische Theologe des 19. Jahrhunderts, dass die deutsche Nation „ein auserwähltes Werkzeug und Volk Gottes ist". „Wir Deutsche sind", stimmte ihm der Verleger Friedrich Perthes zu, „ein auserwähltes Volk, [...] welches die Menschheit repräsentiert". „Europas Geist erlosch", diagnostizierte Friedrich Schlegel ein Dutzend Jahre nach dem Ausbruch der Französischen Revolution, „in Deutschland fließt der Quell der neuen Zeit". In der Tat, „alles Große, Gründliche und Ewige in allen europäischen Institutionen", urteilte auch Adam Müller, bald eines der Häupter der Politischen Romantik, sei „ja deutsch". „Im Schoß" der Deutschen hätten, orakelte Heinrich v. Kleist, „die Götter das Urbild der Menschheit reiner" als anderswo „aufbewahrt", und schon deshalb müsse „die Heiligkeit und Herrlichkeit" ihres Vaterlandes besungen werden.

In einer ähnlichen Geistesverfassung schlug Friedrich v. Schiller dieselben Motive an. „Endlich an dem Ziel der Zeit" angekommen, müssten die Deutschen als das bisher „langsamste Volk" alle anderen einholen, ja „wenn die Welt einen Plan hat", sogar folgerichtig überholen. Denn dem Deutschen, der „mit dem Geist der Welten verkehrt", sei „das Höchste bestimmt [...]. Er ist erwählt von dem Weltgeist". „Jedes Volk hat seinen Tag in der Geschichte", prophezeite Schiller, ganz Hegel avant la lettre, für das „Menschheitsvolk" aber gelte sogar: „Der Tag der Deutschen ist die Ernte der ganzen Zeit." Beim „Turnvater" Friedrich Ludwig Jahn fand sich in seiner bizarren Sprache dieselbe Grundüberzeugung, wenn er die Deutschen zum „Großvolk" erhob, „das zur Unsterblichkeit in der Weltgeschichte [...] wandeln" werde. „Welches Volkstum steht am höchsten", fragte Jahn und antwortete: die Deutschen, eins der „heiligen Völker" der Menschheit; ihm komme es zu, „des Weltbeglückers heiliges Amt" auszuüben, kraft seiner „menschlichen Göttlichkeit" die „Erde als Heiland zu segnen". „Wo ist das Volk, wo der Mann", fragte Ernst Moritz Arndt, einer der populärsten Wortführer des frühen deutschen Nationalismus, „der vor diesem deutschen Namen nicht anbetend niederfällt", bilde Deutschland doch „den Nabel der europäischen Erde", „das Herz unseres Weltteils".

Freilich dürfen die säkularisierte politische Theologie und die Vermessenheit der Sprache, die auch hier das frühnationalistische Credo prägten, nicht dazu führen, dass man das gesteigerte Selbstbewusstsein von Angehörigen des neuhumanistischen Bildungsbürgertums übersieht, welches die Nation auch in den Dienst der Veredelung der menschlichen Gattung stellen wollte. Für die „Griechen der Neuzeit", wie Schiller und Schlegel die Deutschen wiederholt nannten, ging es gewissermaßen um einen Kulturnationalismus. Insofern drückte sich in dem zeitgenössischen Schlagwort, dass „am deutschen Wesen die Welt genesen" werde, zwar die Arroganz der deutschen Bildungsidee aus, aber noch nicht das Programm eines nationalen Imperialismus. Auch wenn der Philosoph Johann Gottlieb Fichte den Deutschen „die Weltregierung" zuwies, da sonst „Türken, Neger, nordamerikanische Stämme sie übernehmen und der gegenwärtigen Zivilisation ein Ende setzen würden", meinte er doch das Regime „ihrer Philosophie". Auf längere Sicht aber waren es auch solche Behauptungen, die zum Mythos der Superiorität der deutschen Nation beitrugen.

Es war nur konsequent, dass für dieses auserwählte Volk nicht nur die historische Mission der Weltbeglückung, sondern auch ein „gelobtes Land" bereitstand: das „schönste Weihegeschenk", das „Vaterland", wie Jahn es beschwor. „Die Deutschheit" verdiene endlich ihr großes nationales Reich, und „darum wollen wir mit freudigem Mute beten: Unser Reich komme". Bei Arndt nahm der Nationalismus von Anfang an die Form eines Religionsersatzes an; so postulierte er etwa emphatisch: „das ist die höchste Religion, das Vaterland lieber zu haben als Herren und Fürsten, als Väter und Mütter, als Weiber und Kinder". Gebe es aber einmal das national geeinigte Vaterland, „könnte das Höchste und Herrlichste der Menschheit aus solchen irdischen Wurzeln" emporwachsen. In ruhigerem Ton ohne jede religiöse Metaphorik gestand auch Wilhelm v. Humboldt in seiner Zeit als preußischer Reformpolitiker: „Es gibt doch nie ein Vaterland, dem man lieber angehören möchte als Deutschland." „Auch lässt sich das Gefühl, dass Deutschland ein Ganzes ausmacht, aus keiner deutschen Brust vertilgen." Deshalb bleibe für seine Generation „Deutschland" immer „Eine Nation, Ein Volk, Ein Staat".

Doch auch sein besonnenes Bekenntnis warf die Frage nach den Grenzen des künftigen nationalen Einheitsstaats auf. Für die Mehrheit der Nationalbewegten sollte er alle Deutschsprechenden im Herzen Mitteleuropas, selbstverständlich auch die Österreicher, umfassen. Streng genommen hätte das von der Wiener Großmacht den Verzicht auf den größten Teil ihres Imperiums, von Preußen den Verzicht auf seine polnischen Annexionsgebiete verlangt. So konsequent „volksnational" mochte aber kaum einer argumentieren, vielmehr sollte das konsolidierte nationale Reich auch fremdsprachige Territorien umfassen, die seinen Gliedstaaten bereits gehörten. Die genauen Grenzen blieben trotz aller Beschwörung der gesamtdeutschen Einheit in aller Regel noch unbestimmt. Für Arndt war die Grenzfrage allerdings leicht zu lösen: „Soweit die deutsche

Zunge klingt [...]. Von der Nordsee bis zu den Karpaten, von der Ostsee bis zu den Alpen, von der Weichsel bis zur Schelde".

Das war wortwörtlich großdeutsch gedacht, wurde aber von Jahns Vision noch übertroffen, denn sein „Großdeutschland" umfasste auch noch die Schweiz, Holland und Dänemark. Es sollte von der neuen Hauptstadt „Teutonia" aus, die in der thüringischen Mittellage: im Schnittpunkt der Fernstraßen zwischen den deutschen Grenzstädten Genf und Memel, Fiume und Kopenhagen, Dünkirchen und Sandomir anzulegen sei, regiert werden. Seit dem Auftauchen der Nationalbewegung warf das Problem künftiger nationalstaatlicher Grenzen komplizierte, ja abgründige Fragen auf. Als sich dann 1849 die Frankfurter Nationalversammlung in ihrer Reichsverfassung an die Definition des Gebietsumfangs ihres erhofften Nationalstaats machte, sollte er den Deutschen Bund, das bisher außerhalb liegende Ost- und Westpreußen und das deutschsprachige Österreich mit Böhmen und Mähren, aber ohne Galizien, Ungarn und Venetien umfassen – auch das noch ein Kompromiss, der Sprengstoff für endlose Konflikte in sich barg.

Das galt auch für die unter der französischen Vorherrschaft kultivierten Feindstereotypen, die an leidenschaftlichem Hass schwer zu übertreffen waren. Wie in die anderen Nationalismen war daher auch von Anbeginn an in den deutschen Nationalismus, der sich dank seiner engen Verschwisterung mit dem Frühliberalismus und auch schon mit nationaldemokratischen Ideen als menschenfreundliche Reformbewegung empfand, das Element einer fundamentalistischen Feindseligkeit gegenüber einem vermeintlichen „Erzfeind" konstitutiv eingesenkt.

Der impulsive Freiherr vom Stein etwa ereiferte sich über den „moralischen Schmutz" der „scheußlichen französischen Nation". Ein wahrer Kreuzzug müsse gegen die „unverschämte und unzüchtige französische Rasse" geführt, danach sogar durch die Zerstörung von Paris gekrönt werden. Carl v. Clausewitz, ein bedeutender Militärtheoretiker mit kühlem analytischen Verstand, verstieg sich zu der Forderung, dass der „Eitelkeit, Arroganz, Prahlerei und Grausamkeit" dieser „verhassten Nation" von deutscher Seite nur mehr mit „Hass und Feindschaft" begegnet werden solle. Als erster deutscher Schriftsteller rief der feinsinnige Friedrich Schlegel zu einem „gänzlichen Vernichtungskrieg" gegen die „verderbte Nation" im Westen auf. Da die Franzosen auf die Zerstörung der deutschen Nationalität zielten, seien die Deutschen zur Vernichtung dieses Feindes berechtigt. Mit derselben Radikalität verlangte Kleist, dass die Deutschen sich ihrer um Arminius gescharten Vorväter, die Rom besiegt hätten, würdig erwiesen, indem sie den „welschen Feind" gnadenlos „vernichteten": „Schlagt ihn tot! Das Weltgericht fragt Euch nach den Gründen nicht."

Der Berliner Geschichtsprofessor F. C. Rühs wollte der Jugend die „eingeteufelte Verworfenheit" der Franzosen einprägen. Mit anderen Universitätslehrern zusammen sorgte er dafür, dass das böse Wort vom „Erbfeind" haften blieb. Joseph Görres, mit seinem „Rheinischen Merkur" einer der ersten großen politischen Journalisten, verurteilte die „höllische Rotte" der Franzosen als „Inbegriff alles Bösen"; Frankreich verkörpere „so rein wie nirgendwo den Sieg des Bösen".

Alle aber wurden von der pathologischen Besessenheit übertroffen, mit der Arndt „alle Deutschen" in immer neuen Schriften mit erstaunlich hoher Auflage dazu aufrief, „das Franzosenungeziefer", schlechthin „jeden Franzosen [...] als Scheusal zu vertilgen". Einwänden schleuderte er entgegen: „Verflucht aber sei die Humanität", „jener allweltliche Judensinn". Dem Toleranzgedanken setzte er seinen politischen Katechismus entgegen: „Ich hasse alle Franzosen ohne Ausnahme im Namen Gottes und meines Volkes [...] Ich lehre meinen Sohn diesen Hass. Ich werde mein ganzes Leben arbeiten, dass die Verachtung und der Hass auf dieses Volk die tiefsten Wurzeln in deutschen Herzen schlägt". Dort sei „des Deutschen Vaterland", „wo Zorn vertilgt den welschen Tand, wo jeder Franzmann heißet Feind".

Angesichts der drückenden französischen Fremdherrschaft bis 1813 zog auch Napoleon als ihr Symbol einen leidenschaftlichen Hass auf sich. Für Arndt verkörperte er den „Erzfeind", für Stein war er ein „Tyrann" voller „Gemeinheit". Der „fürchterliche Bonaparte" an der Spitze des „Franzosenungeziefers" trage, hieß es, das „Gepräge [...] eines erhabenen Ungeheuers". Allerdings zog Napoleon auch in einer tiefen Ambivalenz der Emotionen eine ebenso gesteigerte Bewunderung auf sich. Immer wieder drückten national politisierte Intellektuelle ihre Hoffnung aus, dass eine ähnlich überragende Persönlichkeit als „Zwingherr" die nationale Einheit Deutschlands erfolgreich herbeiführen werde. Der Napoleonkult übte seither einen tiefen Einfluss auf die Leitideen und Mythen des deutschen Nationalismus aus. Einen „Einheitsschaffer" wie ihn, hat Jahn schon frühzeitig prophezeit, würden die Deutschen „als Heiland verehren". Der Bismarckkult, der sich um die charismatische Persönlichkeit des „Reichsgründers" entfaltete, zehrte noch von der Erfüllungssehnsucht aus diesem Traditionsbestand.

Genau genommen hat die junge deutsche Nationalbewegung während der beiden Jahrzehnte von 1795 bis 1815 ihr Koordinatennetz aufgespannt, durch das ihr Nationalismus, ihre Vorstellungen von Nation und Nationalstaat bestimmt wurden. Indem sie Traditionen ethnischer deutscher Herrschaftsverbände großzügig für sich in Anspruch nahm und als nationale Vergangenheit instrumentalisierte, indem sie heroische Leitfiguren wie Hermann den Cherusker, Karl den Großen, Martin Luther, Friedrich den Großen in das nationale Pantheon erhob, indem sie die Zukunftsvision einer glorreichen Regeneration der Nation und ihres Reiches entfaltete, begegnete sie der revolutionsähnlichen Modernisierungskrise ihrer Gegenwart mit der Faszination eines neuen Weltbildes, in dessen Mittelpunkt der Nationalismus als Säkularreligion stand.

Die Angehörigen dieser Bewegung waren sich trotz aller Vergangenheitskonstruktionen durchaus bewusst, dass ihr Nationalismus ein neuartiges Phänomen darstellte. Gotthold Ephraim Lessing wusste 1768 ganz genau, dass „wir Deutsche noch keine Nation sind". Noch ein gutes halbes Jahrhundert später konnte ein anderer aufmerksamer Zeitgenosse auf ihre Formierung in seiner Gegenwart blicken: „Man irrt sich, wenn man den eigentlich deutschen Patriotismus und das Verlangen nach einem einigen Deutschland weit zurücklegt in die

Geschichte", mahnte Heinrich Laube, eine Galionsfigur des nationalbewussten literarischen „Jungen Deutschland", im Rückblick auf die Entstehungsphase: „Diese Gesinnung und dies Bestreben sind modern."

Und da es sich bei der kleinen Nationalgemeinde um allenfalls wenige tausend Anhänger handelte, unter denen Theologen, Schriftsteller, Historiker, Philosophen, freischwebende Intellektuelle, Studenten und Gymnasiasten den Ton angaben, war sie sich auch ihres Elitennationalismus durchaus bewusst. Das nationale Projekt „muss fürs erste sein Sache der Gebildeten", urteilte Jahns Mitstreiter Friedrich Friesen, „weniger des gemeinen Haufens". Trotz dieser schmalen sozialen Basis und vorerst begrenzten Reichweite der nationalen Agitation erkannte ein scharfsichtiger hochkonservativer Kopf wie Friedrich v. d. Marwitz die Anziehungskraft, die von diesem Weltbild ausging. „Die Idee eines gemeinsamen deutschen Vaterlandes" habe inzwischen, diagnostizierte er illusionslos im Herbst 1814, „unzerstörbare Wurzeln gefasst ... Wer sich dieser Idee bemächtigen wird, der wird herrschen in Teutschland."

Dieses prophetische Urteil stützte sich nicht auf die nationalisierende Wirkung der sog. „Befreiungskriege" gegen Napoleon (1813/15), die erst im Nachhinein in die Mythologie des deutschen Nationalismus aufgenommen worden sind. Die letzten Feldzüge gegen Napoleon wurden vielmehr von Berufssoldaten und eingezogenen Militäreinheiten gefochten. Viele Männer mussten, wie die Kriegsgeschichtliche Abteilung des Generalstabs später resümierte, zum Kriegsdienst gezwungen werden. Unter den 25 000 Freiwilligen stellten begeisterte Studenten allenfalls knapp fünf Prozent. Selbst in den später von der nationalistischen Legende verbrämten Freikorps (3 900) machten sie nur ein Siebtel aus. In beiden Fällen dominierten Handwerker, Bauernsöhne und Knechte.

Und dennoch verkörperte der deutsche Nationalismus für die Architekten des Deutschen Bundes, der 1815 im Herzen Europas eine staatenbündische Föderation schuf, trotz seiner momentanen Schwäche eine prinzipielle Herausforderung, ja eine dreifache „Untergangsdrohung" (Dieter Langewiesche). Zum einen stellte er mit seiner Vision eines Nationalstaats die internationale Ordnung und Staatenwelt mitten in Europa direkt infrage. Zweitens verkörperte er auch für die deutschen Einzelstaaten die tödliche Gefahr einer drohenden Einschmelzung. Und schließlich stellten seine frühliberal-nationaldemokratischen Ideen die gesellschaftliche Privilegienhierarchie, die namentlich jede fürstliche Dynastie und die Aristokratie in der Gesellschaftsverfassung begünstigte, von Grund auf infrage. Dementsprechend hart fiel die Repression der Nationalbewegung, insbesondere seit den Karlsbader Beschlüssen (1819), aus. Der Deutsche Bund wurde geradezu zu einem Blockadesystem gegen die Heraufkunft eines nationalen Bundesstaats, erst recht eines unitarischen Nationalstaats ausgebaut. Der frühe deutsche Nationalismus dagegen sah im künftigen repressionsfreien, liberalen Verfassungs- und Nationalstaat eine Form der Selbstbestimmung; insofern insistierte er auf der nationaldemokratischen Komponente seiner Zukunftsvorstellungen.

Wie konnte es trotzdem dazu kommen, dass die Nationalbewegung nach drei Jahrzehnten Hunderttausende umfasste, dass ein gutes halbes Jahrhundert später ein deutscher Nationalstaat entstand? Trotz aller Unterdrückungs- und Verfolgungsmaßnahmen hielten sich kleine Stützpunkte und organisatorische Keimzellen, von denen aus das Weltbild des Nationalismus weiter verfochten wurde. An manchen Universitäten vertraten Professoren, an manchen Gymnasien Oberlehrer die nationalen Ideen, riskierten Prozesse, mehrere Jahre Gefängnis oder sogar Festung, wurden aber nach der Rückkehr als Märtyrer verehrt. Trotz des zeitweilig geltenden Verbots pflegten Burschenschaften, Turnvereine im Gefolge Jahns und Männergesangvereine erst insgeheim, schließlich unverhohlen ihre nationale Überzeugung. Auf den Tagungen der großen Vereinigungen der Naturforscher, der Schulmänner, der Landwirte, der Germanisten wurde immer häufiger die nationale Einheit beschworen. Die Ideen der „Politischen Romantik" von Volk und Nation arbeiteten ebenso dem Nationalismus zu wie die

Volksgeistlehre der Historischen Rechtsschule, die den Heiligen Geist in Volksgeister parzelliert und damit einen weiteren Anschluss an die christliche Überlieferung geschaffen hatte. Die Literatur des „Jungen Deutschland" verklärte nationale Ideale.

Weiterhin faszinierte die „gedachte Ordnung" der Nation insbesondere junge Intellektuelle. Sie verhieß ihnen eine bedeutende Rolle, die Chance zur Umgestaltung von Staat und Gesellschaft, die freie politische Aktion und nicht zuletzt den sozialen Aufstieg. Kurzum, der Nationalismus wurde trotz aller Grundsatzopposition aus immer mehr Quellen genährt.

Darüber hinaus wirkten sich auswärtige Ereignisse und innere Krisen als kraftvolle Beschleunigungserfahrungen aus. Für den Philhellenismus, der den Aufstand der Griechen gegen die Türken als nationales Aufbegehren feierte, und die Polenfreunde, welche die Aufständischen, die 1830 gegen das Unterdrückungssystem des Zarismus antraten, hochleben ließen, handelte es sich um Stellvertreterkriege, die für die im Kern gemeinsame nationale Sache geführt wurden. Die Rheinkrise von 1840 löste, als sich in Frankreich begehrliche Blicke auf das linke Rheinufer richteten, eine gesamtdeutsche nationalistische Aufwallung aus, beim greisen Arndt sogar den hysterischen Ruf nach einem Krieg „Alldeutschlands" gegen „Welschland".

Erst recht mobilisierte der Streit um die Zukunft der Herzogtümer Schleswig und Holstein, die im Rahmen einer liberalen Gesamtstaatsverfassung in das Königreich Dänemark aufgenommen werden sollten, also in den Augen der Nationalbewegung als „deutsche" Länder verloren zu gehen drohten, ein nationales Engagement, das weit über die bisherige Anhängerschaft hinaus tief in die Bevölkerung, z. B. auch in die Handwerker- und Arbeiterbildungsvereine, eindrang. Auf einer ganz anderen Ebene polarisierte währenddessen der heftige Konflikt zwischen international orientierten Freihändlern und den auf den „Schutz der nationalen Arbeit" ausgerichteten Schutzzöllnern die Interessen und Meinungen zugunsten der Nationalbewegung.

Im Revolutionsjahr 1848 besaß daher der Nationalismus bereits ein beachtliches Reservoir an Aktivisten und Sympathisanten, die auf die Gründung eines liberalen, konstitutionellen, gesamtdeutschen Nationalstaats hindrängten. Während der Debatten brach unvermeidbar der Streit um die Alternative zwischen großdeutscher (Österreich einbeziehender) und kleindeutscher (Österreich ausschließender, das preußische Gravitationszentrum anerkennender) Lösung aus. Nicht an diesem Konflikt ist jedoch die Revolution, zumindest das Werk der Frankfurter Nationalversammlung, letztlich gescheitert. Vielmehr war es die Überschneidung mehrerer anstehender hochkomplizierter Modernisierungsaufgaben – die Errichtung des liberalen Verfassungsstaats, die Gründung eines Nationalstaats, der Umbau der Wirtschaftsverfassung, die Reform der Sozialstruktur usw. –, die schließlich eine unüberwindbare Hürde schuf, zumal eine Allianz zwischen städtischer und ländlicher Revolutionsbewegung nicht zustande kam und die gegenrevolutionären Kräfte nach wenigen Monaten schon wieder das Übergewicht gewannen.

1849 setzte deshalb in den deutschen Staaten erneut eine scharfe Repressionspolitik ein, die sich mit der Metternichschen Verfolgungspraxis durchaus vergleichen lässt. Freilich konnte sie nur knapp zehn Jahre lang durchgehalten werden. Dann öffnete die Liberalisierungspolitik in wichtigen deutschen Staaten das Sicherheitsventil. Erstaunlich schnell trat seither die Nationalbewegung wieder an die Öffentlichkeit, oft mit den profilierten Köpfen von 1848/49, aber auch mit zahlreichen neuen Adepten. Eine endlose Abfolge von Festen zu Ehren Gutenbergs, Dürers, Luthers, Schillers, des Kölner Dombaus zog Hunderttausende an, die dort ihre nationale Gesinnung wach hielten. Der italienische Einigungskrieg mit dem Ergebnis eines neuen Nationalstaats in allernächster Nähe beflügelte die politische Phantasie – daher unternahm es der „Deutsche Nationalverein" mit seinem kleinen Elitenetzwerk, nach italienischem Vorbild die Kräfte zu koordinieren. Der Nationalismus und sein Ziel eines Nationalstaats entpuppten sich von Jahr zu Jahr deutlicher als eine ausdehnungsfähige Macht des öffentlichen Lebens. Es spricht für den politischen Realitätssinn eines Hochkonservativen wie Otto v. Bismarck, dass er bereits 1858 einem unlängst heftig befehdeten 48er Liberalen vertraulich eröffnete, künftige preußische Politik großen Stils lasse sich nur mehr in Kooperation mit der Nationalbewegung betreiben.

Dennoch war es nicht eine machtvolle, populäre National- bewegung, die den deutschen Nationalstaat schuf, sondern die großpreußische Expansionspolitik Bismarcks, die sich dafür dreier Hegemonialkriege bediente. Zugleich aber waren sie der Wirkung nach nationale Integrations- und Einigungskriege, und eine informelle Allianz mit der liberalen Nationalbewe- gung stützte sie massenwirksam ab. Durch die Entscheidungen von 1866 und 1871 wurden jahrhundertealte Beziehungen zwischen den Deutschen Mitteleuropas und zwischen ihren unterschiedlichen Herrschaftsverbänden durchschnitten. Das kleindeutsch-großpreußische Reich war, so gesehen, durchaus eine revolutionäre Schöpfung. Trotz mancher wirtschafts- und kulturnationalen Vorbereitung war auch die Reichsnation von 1871 ein Novum. Ihre Nationsbildung und Ausrichtung auf die neuen Identitäts- und Loyalitätspole setzte, streng genommen, erst jetzt ein.

Erneut erwies sich die Nationsbildung als Folge der Herr- schaftsbildung. Hatte der Abgeordnete D'Azeglio in der ersten Sitzung des italienischen Parlaments 1861 erklärt: „Wir haben Italien geschaffen, jetzt müssen wir Italiener erschaffen", stand diese Aufgabe der nationalen Integration von Ostpreußen und Oberbayern, Hanseaten und Württembergern dem neuen deut- schen Nationalstaat ebenfalls noch bevor. „Die deutsche Ein- heit ist noch keineswegs eine Sache des Herzensdranges der Nation", urteilte damals ein so vorzüglicher Sachkenner wie der Liberale v. Rochau, „es gibt keinen deutschen Nationalgeist im politischen Sinne des Wortes".

Die Aufgabe der Nationsbildung fächerte sich in drei Di- mensionen auf. Es musste ein Rahmenwerk von Institutionen geschaffen werden, die den Nationalstaat auf- und ausbauten, ihn im öffentlichen Bewusstsein verankerten. Das besorgten z. B. der Reichstag, das Militär, die Universitäten, zahllose Ver- eine. Gleichzeitig musste die sozialpsychische Akzeptanz eines nationalen Habitus vorangetrieben werden. Das übernahmen die vielfältigen Prozesse der politischen Sozialisation: Von den Familien ausgehend pflanzten sie sich über die Schulen, Universitäten und „Printmedien" bis zur Rekrutenausbildung, zu den Studentenverbindungen, Kriegervereinen und nationalen Verbänden fort. Und schließlich musste die neue nationale Welt wirkungsvoll symbolisch repräsentiert, die Nation mental und emotional erfahrbar gemacht werden. Dafür sorgten Feste, Paraden, Lieder, Kaisergeburtstagsreden bis hin zum Alltagskitsch kleiner Hausaltäre mit Bildern von Bismarck, Moltke und Wilhelm I.

Auch der deutsche Nationalismus verkörperte von Anfang an eine Mischung von „Partizipation und Aggression" (D. Langewiesche), indem er das Ideal der Gleichberechtigung aller Nationsgenossen im nationalen Herrschaftsverband mit dem Ausgreifen nach fremdem Land und bösartigen Feindstereotypen verband. Wie bereits seit 1806 von Arndt und seinen Gesinnungsgenossen ist auch 1848 eine großdeutsche Expansionspolitik leidenschaftlich verfochten worden; ein Dutzend Jahre später entdeckte der Sozialdemokrat Ferdinand Lassalle in der Ausdehnung bis zum Bosporus eine „historische Mission" seines „Großdeutschland" auf dem Weg zu einer „imposanten Weltmachtstellung."

Aufs Ganze gesehen überwog aber vor 1871 der Charakter einer liberalen Reformbewegung: Was im Deutschen Bund und in den Einzelstaaten – zumal in den mächtigsten wie Preußen und Österreich – nicht erreichbar schien, das sollte die bessere Zukunft in einem reformfähigen Nationalstaat bringen. Die enge Affinität zwischen früher Nationalbewegung und Liberalismus ist ganz unübersehbar, und auf dem linken Flügel des Liberalismus hatten seit den frühen 1840er Jahren eine geraume Zeit lang auch jene politischen Ideen eine Heimstatt, die auf die Nationaldemokratie abzielten: Der anachronistische Untertanenverband sollte durch den Staatsbürgerverband im liberalen Nationalstaat endlich abgelöst werden.

Die Reichsgründung und das Leben im kleindeutschen Nationalstaat führten einen Konstellationswandel herbei, der weit über einen Funktionswandel des Nationalismus hinausging. Innerhalb weniger Jahre wurde aus dem deutschen Nationalismus eine politische, sozialkonservative, oft illiberale Defensivideologie, die freilich alsbald auch mit expansionistischen Zielen über den Status quo hinaustrieb. Das seit jeher (auch im liberalen Nationalismus) schlummernde Aggressionspotential wurde seit den 1870er Jahren verstärkt und politisch gedeutet. Warum?

Das Ziel eines deutschen Nationalstaats war 1871 erreicht worden, der Einigungsnationalismus hatte sich damit erschöpft. Das neue Reich hatte aber nicht die Volkssouveränität als Legitimitätsspender in seiner Verfassung verankert, vielmehr beruhte es auf einer Legitimationsbasis, die ganz und gar nicht den Vorstellungen des älteren Liberalnationalismus entsprach. Zu diesem Fundament gehörte die erfolgreich stabilisierte Fürstenherrschaft, die der Kaiser als „Reichsmonarch" symbolisch repräsentierte. Dazu gehörten die blendenden Erfolge des Militärs, dessen Nimbus auch für den neuen Reichsnationalismus, wie der internationale Vergleich lehrt, eine exklusive Bedeutung gewann. Dazu gehörte schließlich das Element der charismatischen Herrschaft Bismarcks als einer einzigartigen Führungsfigur – der Nationalstaat galt geradezu als das „Werk" des „Reichsgründers".

Der Nationalbewegung war es weder gelungen, durch eine revolutionäre Selbstkonstituierung noch durch die Nationalisierung eines bereits ethnisch-fürstenstaatlich homogenisierten Territoriums den Nationalstaat zu schaffen. Der „Wille der Nation" konnte sich nur im Reichstag ausdrücken, der indes mit den Parteien im Vorhof der Macht gehalten und erst spät aufgewertet wurde. Es kann daher nicht überraschen, dass es anstelle von Verfassung und Parlament der Reichsmonarch, die Armee, die Herrschaft des „großen Individuums" waren, die im reichsdeutschen Nationalismus einen neuartigen, vorrangigen Stellenwert gewannen.

Im „Neuen Reich" erschlossen sich dem Nationalismus durch den kraftvollen ökonomischen Wachstumsprozess und tiefgreifenden sozialen Wandel, die zum ersten Mal eine „deutsche" Wirtschaft und eine „deutsche" Gesellschaft im genauen Wortsinn entstehen ließen, neuartig weite Dimensionen. Zugleich aber erfuhr der Begriff der Nation eine folgenschwere Verengung. Denn nach den äußeren folgten die inneren Einigungskriege Bismarcks und seiner Alliierten: erst gegen die katholische Bevölkerung, dann gegen die Sozialdemokratie. Beide wurden jahrelang als vermeintliche „Reichsfeinde" aus dem sakrosankten Tempelbereich der Nation ausgegrenzt. Fast schien nur mehr der dogmatisch protestantische, Ultramontane und Sozis fressende Bildungs- und Besitzbürger der einzig zulässige Typus des nationalgesinnten Deutschen zu sein. Der viel beschworenen Einheit der Nation wurden dadurch Verletzungen zugefügt, die selbst bis zur Mitte des nächsten Jahrhunderts noch nicht völlig ausgeheilt waren. Der Triumph der auf Sondergesetzen beruhenden Diskriminierungspraxis hing maßgeblich mit dem Niedergang des Liberalismus als Weltanschauung, als Verkörperung des Nationalgedankens, als politischer Gestaltungskraft zusammen. Der Übergang zur konservativen Koalition, die seit 1878/79 das Bismarckregime trug, besiegelte diese „Wende".

Als noch folgenschwerer erwies sich der Versuch des neuen politischen, rassistisch aufgeladenen Antisemitismus, die jüdischen Deutschen durch eine biologistische Stigmatisierung ebenfalls aus der Nation zu verbannen. Zwar stemmte sich noch entschlossener Widerstand diesem Aberwitz entgegen, auch kamen die verschiedenen Antisemitenparteien nie über maximal 350 000 Wähler hinaus. Aber dieses radikale Exklusionsdenken, das sich durchaus als Spielart des Reichsnationalismus mit seinem Ideal der purifizierten Nation entpuppte, fraß sich dennoch heimlich in die konservativen Parteien und Verbände, in das akademische Milieu, in die damalige rechtsliberale Mitte immer tiefer ein.

Hatte in den ersten anderthalb Jahrzehnten nach 1871 der neu gewonnene Status als Nationalstaat das allerheiligste Gut bedeutet, trieb seit der Mitte der 1880er Jahre eine anschwellende Strömung namentlich in der in das Reich bereits hineingewachsenen jüngeren Generation über die von Bismarck sorgsam gehüteten Grenzen hinaus. Der 1866 keineswegs begrabene großdeutsche Gedanke regte sich erneut mit dem Anspruch auf „Vollendung" der Reichsgründung durch die Aufnahme der Österreicher. Die zahlreichen deutschen Siedlungsgebiete in Ost- und Südosteuropa zogen als „Volkstum im Ausland" neue Aufmerksamkeit auf sich. Außer der wirtschaftlichen Schubkraft und den auf Herrschaftsstabilisierung gerichteten Motiven drängte im „neuen Imperialismus" auch ein expansionslustiger Nationalismus voran, der „Weltpolitik" als deutsche „Sendung" auf sein Banner schrieb.

Insofern erlebte der Reichsnationalismus bereits bis zum Ersten Weltkrieg einen Radikalisierungsprozess, der sich auch in anderen westlichen Nationalstaaten dieser Zeit beobachten lässt. Wo sind seine Ursachen zu suchen?

Ein Bündel von Faktoren wirkte hier zusammen, am wichtigsten sind drei von ihnen. Man kann den Radikalnationalismus als Reaktion auf schmerzhafte Modernisierungserfahrungen verstehen. Auf die „Herausforderung" durch die deprimierenden Konjunkturfluktuationen des Industrie- und Agrarkapitalismus, auf die bitteren Klassenkonflikte, auf den Verlust vertrauter Weltbilder und den Aufstieg neuer, irritierender Deutungssysteme, etwa des fundamentalistischen Marxismus und Ultramontanismus, gab der ins Extreme gesteigerte Nationalismus seine „Antwort". Den Belastungen der Individuen und Klassen setzte er seine Therapie der Spannungsbewältigung durch die innere Vollendung der nationalen Einheit entgegen: Alle Reichsfeinde und Fremden sollten ausgeschieden werden, damit die gereinigte Nation als monolithischer Block die Aufgaben des Tages bestehen konnte.

Diese Funktion wurde verstärkt durch seine Superioritätsdoktrin: Die westliche „Zivilisation" und das slawische „Asiatentum" konfrontierte er mit der Überlegenheit deutscher „Kultur" und „Bildung", geschützt durch die gepanzerte Wehr des Militärstaats. In der europäischen Hegemonie sah er ebenso eine Mission des Reiches wie in dessen Vorstoß zur „Weltmacht". Großartige Ziele boten einen Ausgleich für die Bürde des Alltags, die Statusängste und Orientierungsnöte, die der sozialökonomische Transformationsprozess unentwegt aufwarf. Insofern besaß der integrale Nationalismus eine kompensatorische Funktion, um mit „psychischem Einkommen" die Kosten, die Anpassungsprobleme der Modernisierung wettzumachen. (Die plausible Gegenthese: In Zeiten sozialer und politischer Ruhelage kann ein radikaler Nationalismus kaum mobilisiert werden).

Eine zweite Antriebskraft zugunsten der Radikalisierung des Reichsnationalismus ging aus der Naturalisierung des Nationsbegriffs durch die moderne, von Darwin inspirierte Biologie und dem populärwissenschaftlich verkürzten Sozialdarwinismus hervor. Nationen, Völker und „Rassen" wurden, analog zur Natur, als Lebewesen verstanden, die in einem unablässigen Überlebenskampf um die Daseinsberechtigung den Stärksten ermittelten, dem dann der verdiente Primat zufiel. Auf diese Weise konnte der deutschen Nation aufgrund ihres hochwertigen „Volkstums" und ihrer – wie bald zunehmend erklärt wurde – überlegenen rassischen Substanz eine Höherwertigkeit zugesprochen werden, die zu radikaler Reinigung des „Volkskörpers" und rigoroser Interessenverfechtung nach außen berechtigte. Diese Naturalisierungsstrategie lässt sich vielfach nachweisen: an einer kaum überschaubaren Literatur und Publizistik, getragen vom Hochgefühl unwiderlegbarer wissenschaftlicher Erkenntnisse, an den nationalen Agitationsverbänden, insbesondere den „Alldeutschen", aber auch am Staatsbürgerschaftsgesetz von 1913 (das bis 1999 in Kraft blieb!) mit seiner „völkischen" Nationsdefinition. Der überkommene Missions- und Sendungsgedanke konnte seither mit dem Argument der evolutionsgeschichtlichen und rassenbiologischen Überlegenheit nachhaltig verstärkt werden.

Und schließlich bewegte sich das Kaiserreich in einem System ununterbrochen rivalisierender Nationalstaaten, deren Interessen – mochten sie auch noch so eindeutig ökonomischer, strategischer, machtpolitischer Natur sein – durchweg als sakrosankte, unverzichtbare „nationale Interessen" drapiert wurden. Damit gerieten sogleich immer die Ehre, das Prestige, das Wohl und Wehe der gesamten Nation in Gefahr. Der Umstand, dass stets die allerhöchsten Güter auf dem Spiel standen, schlug sich während eines unerbittlichen Konkurrenzkampfes auch als Radikalisierung eines ohnehin reizbaren Nationalismus nieder.

In diesem Zusammenhang des expandierenden Radikalnationalismus kann auch am besten die Frage nach dem Verhältnis von Nationalismus und Konservativismus erneut aufgegriffen werden. Vor 1870 gehörten die deutschen Konservativen ganz überwiegend zu den Kritikern eines derart bedrohlich wirkenden neumodischen Phänomens, wie es der Nationalismus für sie noch immer verkörperte. Auch nach der Nationalstaatsgründung blieb der partei- und verbandspolitisch organisierte Konservativismus durchweg auf Distanz gegenüber dem Nationalismus, obwohl er ihn seither aus machttechnischen Gründen bedenkenlos zu instrumentalisieren und gegen das vermeintlich „antinationale Lager" seiner Gegner einzusetzen verstand. Bereitwillig unterstützte er den Macht- und Militärstaat, sympathisierte er auch mit den Großmachtambitionen in Kontinentaleuropa, behielt jedoch gegenüber der überbordenden Leidenschaft des neuen Reichsnationalismus, erst recht gegenüber den von diesem unterstützten Projekten wie der „grässlichen Flotte" und der Kolonialexpansion, seine unverhüllte Skepsis.

Auch wenn man dem Reichsnationalismus als Verteidiger des 1871 erreichten Status quo konservative Züge zuschreibt, sind seine prominenten Trägerschichten doch noch lange nicht „die" Konservativen gewesen. Im Gegenteil: Modernisierungsgewinner und ökonomisch erfolgreiche Bildungs- und Besitzbürger identifizierten sich am ehesten mit der als Vollendung der politischen Moderne auftretenden nationalen Doktrin, die sie auch deshalb in Krisenperioden zu radikalisieren tendierten. Sowohl von ihrer Soziallage als auch von ihrer Sozialmentalität her waren sie keineswegs blindlings rückwärtsgewandte Konservative, vielmehr Repräsentanten einer wissenschaftlich und industriekapitalistisch geprägten neuen Welt.

Andererseits: Gemessen an den normativen Kriterien der Demokratisierung und Liberalisierung, der Pluralisierung und Parlamentarisierung verfochten sie, namentlich im radikalnationalistischen Milieu, Ziele mit einer eigentümlichen Mischung von reaktionären und gefährlichen, zeitweilig aber zukunftsfähigen Elementen. Dazu gehörte etwa die Forderung nach einem autoritären Regierungssystem bis hin zum Ruf nach der „nationalen Diktatur", nach einem das Werk von 1871 à la longue gefährdenden Hegemonialstatus, nach einer die Konflikte stilllegenden „Volksgemeinschaft" anstelle der spannungsreichen Klassengesellschaft, nach einer wissenschaftlich angeblich gerechtfertigten Purifizierung der Nation von „Fremdvölkischen" und Juden. Solche Ziele kann man nicht schlichtweg konservativ nennen, obwohl sie fraglos Grundwerte einer liberal-demokratischen politischen Kultur, die sich auch im Kaiserreich allmählich ausdehnte, frontal infrage stellten; der sich darin ankündigende neue Rechtsradikalismus konnte aber auch eine leidenschaftliche Opposition gegen das konservative Establishment tragen. Vielmehr enthielten diese Ziele auch eine für viele Anhänger durchaus moderne, attraktive Zukunftsgewissheit, die erst durch die Realisierung dieser Ziele im „Dritten Reich" endgültig zerstört worden ist. Da der Nationalismus keine im Prinzip völlig unzweideutige geistige Struktur besaß, konnte er mit seiner schillernden Mixtur sowohl unstreitig modernitätsfeindliche Vorstellungen an sich binden als auch eine durchaus moderne Zukunftsvision unterstützen, die indes eine ungleich dynamischere Zerstörungskraft zu entbinden vermochte, als es jeder noch so orthodoxe Konservativismus hätte tun können.

Eine vergleichbare Ambivalenz kennzeichnet auch die völkischen Ideen, die sich im Umfeld des Radikalnationalismus spätestens seit den 1890er Jahren ausdehnten. Zum einen stellten sie Volk und Nation in einer Art von Hyperkonservativismus in ein seit der archaischen Urzeit anhaltendes Kontinuum. Zum anderen wollten ihre Verfechter über jene Nationsstiftung hinausgelangen, die der Erinnerung an eine langlebige „Schicksalsgemeinschaft" mit gemeinsamer Sprache und Kultur zu verdanken war. Deshalb griffen sie auf die von der modernen Wissenschaft erarbeiteten, angeblich unerschütterlichen Grundlagen der Rasse- und Blutgemeinschaft zurück, um den Ewigkeitscharakter ihrer Nation, die seit dem Dunkel der Urgeschichte Bestand gehabt habe, nachzuweisen. Die völkische Nation wurde dadurch geradezu zu einem Stück gleichbleibender Natur in der einem ständigen Wandel unterworfenen historischen Lebenswelt.

Im Vergleich mit dem konventionellen Christenglauben der allermeisten Konservativen war dieser völkisch-rassistische Aberglaube ganz und gar modern, auch in seiner mit denselben wissenschaftlichen Argumenten legitimierten Bereitschaft zur Gewaltanwendung gegen all jene, die als „Fremde" die völkische, arische Einheit aufzulösen und damit die Nation bis ins Mark tödlich zu treffen drohten. Und ebenso konsequent schien es dem völkischen Nationalismus geboten, in der Gewinnung von „Lebensraum" durch Krieg einen naturwissenschaftlich gerechtfertigten „natürlichen" Expansionsvorgang zu verteidigen. Mit diesem radikalisierten, völkischen, pseudowissenschaftlich drapierten Nationalismus trifft man auf einen Gutteil jenes Wurzelgeflechts, aus dem der Nationalsozialismus wenige Jahre später seine rassistische Heilslehre herleitete.

Es kann kaum verwundern, dass eine so enorme Belastungsprobe wie der Erste Weltkrieg noch einmal einen weiteren Radikalisierungsschub ausgelöst hat. Die Existenz der Nation schien in dem „Verteidigungskampf" gegen die gegnerische Großallianz auf dem Spiel zu stehen. In euphorischen Wendungen wurde die Überlegenheit des deutschen „Sonderwegs" in die moderne Welt beschworen: Der sendungsbewussten Nation im Herzen Europas musste wegen ihrer besonderen Qualität der Sieg winken. Hasserfüllte Feindstereotypen grassierten in einer vorher unvorstellbaren Intensität. Aber der Kriegsnationalismus integrierte nicht nur – zumindest kurzfristig – die „Nation in Waffen", er spaltete sie auch. Denn seine exzessiven Kriegsziele, seine Blockade aller tastenden Friedensfühler, sein borniertes Beharren auf dem „Siegfrieden" riefen eine anwachsende Opposition hervor. Hunderttausende beteiligten sich schließlich an den Massenstreiks, Hunderttausende schwenkten aus der regimekonformen SPD hinüber zur kriegskritischen

„Unabhängigen SPD". Anstatt von der Gluthitze des leidenschaftlichen Kriegsnationalismus geeinigt zu werden, lag das
Reich auch seinetwegen seit 1917 in tiefer Zerrissenheit da.

Die Niederlage brachte den jähen Absturz aus der nationalistischen Kriegsziel- und Siegfrieden-Euphorie. Anstelle der bis
zuletzt für möglich gehaltenen Realisierung eines riesigen An-
nexionsprogramms folgte der Landverlust im Osten und Westen, anstelle des Siegs auf dem Schlachtfeld blieb die Trauer um
Millionen Tote und Verletzte. Der Friede von Versailles – ungleich maßvoller als der Friede von Brest-Litowsk, den das
Reich soeben der jungen Sowjetunion auferlegt hatte – wurde
als karthagisches Diktat von nahezu jedermann, von den
Rechts- bis zu den Linksparteien, abgelehnt. Damit wurden die
Grundlagen für ein Trauma des gedemütigten Nationalismus
gelegt, das sich durch die „Reparationsknechtschaft", die Hyperinflation, die Demilitarisierung, schließlich die Dritte Weltwirtschaftskrise seit 1929 zu einem wahren Syndrom von Kri-
senbelastungen für die ungeliebte Republik entwickelte.

Auf die hypothetische Frage, ob die Weimarer Republik unter günstigeren Bedingungen hätte überleben können, lässt sich
durchaus eine positive Antwort denken: Hätte sie statt eines
vierjährigen Aufschwungs (1924–1928) eine 24jährige Hoch-
konjunkturphase, wie sie die Bundesrepublik seit 1949 erlebte,
durchlaufen, hätte die normative Kraft des Faktischen, sofern
der Frieden angehalten hätte, durchaus zur Stabilisierung
führen können. Doch die Depression seit 1929, die tiefste Krise
nicht nur des deutschen, sondern überhaupt des westlichen
Kapitalismus, zerstörte alle derartigen Hoffnungen. Außer dem
Kollaps ganzer Industriezweige, dem abrupten Rückgang aller
Wachstumsraten war es vor allem die beispiellose Pauperisie-
rung der Arbeitnehmer, die eine unwiderrufliche Zäsur schuf:
Sozialstatistisch wurde jeder Dritte arbeitslos, ein Großteil in
eine unabsehbare Dauerarbeitslosigkeit verstoßen. Die neue
Hoffnungslosigkeit, die sich mit einem Nationalismus verband,
der die vermeintlich unverdiente Demütigung und Verletzung
kultivierte, schuf seither den geradezu idealen Nährboden
für eine radikalnationalistische Massen- und Protestbewegung,

die in dem charismatischen Volkstribun Adolf Hitler ihre unbestrittene Führungs- und Integrationsfigur besaß. In Windeseile stieg sie nach dem Einbruch der fatalen Krise zur größten Partei des Reichstags, zum Hoffnungsträger von Millionen auf.

Es war nicht an erster Stelle das wüste Konglomerat der nationalsozialistischen „Weltanschauung", das die Wähler, Mitglieder und Sympathisanten mobilisierte. Vielmehr war die NSDAP, wie alle autoritären und faschistischen Bewegungen der Zwischenkriegszeit, primär eine radikalnationalistische Massenbewegung, der von ihrem „Führer" und seinen Gefolgsleuten immer wieder eingehämmert wurde, dass es die Ehre, das Ansehen, die Macht der Nation wiederzugewinnen gelte, um aus dem Tal der Tränen in die verdiente Spitzenstellung erneut aufsteigen zu können. Die nationale „Volksgemeinschaft" müsse freilich durch die Ausscheidung aller Juden, Fremdvölkischen, Marxisten ihre arische Reinheit und damit erst ihre unüberwindliche Schlagkraft gewinnen. Die rassische Einheit der Nation verhieß auch die endgültige Überwindung aller sozialen Gegensätze.

Längst hatte auch in Deutschland der Nationalismus eine Durchsetzungsfähigkeit bewiesen, die sich über alle klassenspezifischen, konfessionellen, regionalen Grenzen hinwegzusetzen vermochte. Die Weltkriegserfahrung und das Krisensyndrom, das sich seither auswirkte, hatten ihm eine zusätzliche Dynamik verliehen, die viele Anhänger von einem „neuen Nationalismus" sprechen ließ. „Der Vater dieses Nationalismus", wussten Ernst und Friedrich Georg Jünger, „ist der Krieg"; er sei aber auch „geboren aus einem neuen Bewusstsein blutmäßiger Gemeinschaft: er will das Blut zur Herrschaft bringen". Von der „Auserwähltheit" des deutschen Volkes überzeugt, werde er im Inneren den Klassenkampf überwinden, und nach außen sei „die Gesinnung des Nationalismus notwendig zugleich eine imperialistische".

Dieser neue Nationalismus steigerte sich auch an den Problemen jenseits der Staatsgrenzen. Die großen deutschen Minderheiten in den Nachfolgestaaten von 1919 hatten sich bisher als Angehörige einer mächtigen Staatsnation gefühlt – plötzlich unterstanden sie der politischen Herrschaft von Polen, Litauern, Tschechen, die bisher Unterworfene gewesen waren, jetzt aber das Mehrheitsvolk stellten. Zum innerdeutschen Ursachensyndrom des radikalisierten Nationalismus kam daher die zusätzliche Aufladung durch den endlosen Streit um die „volksdeutschen" Minderheiten hinzu, die zudem durch eine forcierte „Volkstumspolitik" und die „Volksgeschichte" jungkonservativer Intellektueller derart aufgewertet wurden, dass sie geradezu als die Verkörperung des von der westlichen Zivilisation und allen bösartigen Industrialisierungsfolgen unberührten „reinen Deutschtums" galten.

Aus all diesen Strömungen und Stimmungen bezog die Hitler-Bewegung einen Gutteil ihrer mobilisierenden und integrierenden Schwungkraft. Und nachdem die alten Machteliten 1933 das Vabanquespiel der Machtübergabe an Hitler riskiert hatten, stellte sich heraus, dass es außer der Arbeitsbeschaffungspolitik insbesondere „nationale Erfolge" waren, die den Loyalitätszufluss steigerten und die Legitimationsbasis des Regimes befestigten. Die Remilitarisierung, der Auszug aus dem Völkerbund, die Rheinlandbesetzung, der „Anschluss" Österreichs, die Zerschlagung der Tschechoslowakei, erst recht dann der „Polen"- und der „Westfeldzug" – sie alle wurden als nationale Triumpherlebnisse wahrgenommen, die dem politischen Talent des zweiten Charismatikers an der Spitze des Reiches zugeschrieben wurden.

Der Jubel war – auch in bisher resistenten katholischen und sozialdemokratischen Milieus – so überschwänglich, dass nach menschlichem Ermessen im Gefolge des „Anschlusses" Österreichs oder des deutsch-französischen Waffenstillstands zu Compiègne abgehaltene freie Wahlen unter Aufsicht des Völkerbundes eine nationalistisch enthusiasmierte, erdrückende Mehrheit aller Stimmen für Hitler ergeben hätten.

Der vom entfesselten Nationalismus gefeierte Siegeszug hielt bis Stalingrad an, wie dieser extreme Nationalismus auch bis weit in den Krieg hinein die „Reinigung" der Nation von „Linken" und „Fremdvölkischen" befriedigt billigte. Nur der Massenmord an den europäischen Juden, die in der pathologisch verzerrten Auffassung der NS-Führung schlechthin jede tödliche Gefahr nicht nur für die moderne Welt, sondern auch und gerade für die arische Substanz der auserwählten deutschen Nation verkörperten, wurde bis zuletzt streng geheim gehalten. Die abstruse Vorstellung, dass alle Deutschen, vor allem aber Hitlers Deutsche von einem „eliminatorischen Antisemitismus" (Daniel Goldhagen) besessen gewesen seien und nur auf die Chance zu seiner Verwirklichung gewartet hätten, wurde von den braunen Machthabern selber dementiert, indem sie bis zum Frühjahr 1945 jede öffentliche Erörterung des Massenmords an den Juden mit der Todesstrafe belegten. Wie leicht aber konnten sich die alten Leitideen vom auserwählten Volk und seiner historischen Weltmission mit der nationalsozialistischen Doktrin von der privilegierten arischen Herrenrasse und ihrer welthistorischen Sendung verbinden!

Für die Frontsoldaten spielten nach der Wende des Zweiten Weltkrieges der Überlebenswille, der Schutz der Heimat, die Angst vor Vergeltung, der Gehorsam eine ungleich größere Rolle als die Durchhalteparolen der Goebbels-Propaganda. Immer noch aber übte, erst recht in den jüngeren, seit 1933 indoktrinierten Generationen, der Glaube an die Verteidigung der Nation, ihres Lebensrechts, ihrer Machtstellung – wie auch Denkschriften aus der Widerstandsbewegung vor dem Juli 1944 beweisen – einen nachhaltigen Einfluss aus. Und an der „Heimatfront", die bis zuletzt auf Kosten des besetzten Europa vorzüglich versorgt wurde, hielt sich der nationalistische Dünkel bis zuletzt. Mindestens zehn Millionen „Fremdarbeiter" vermittelten auch noch dem ärmsten deutschen Arbeiter das Gefühl, als Angehöriger einer ausgezeichneten Nation über dem neuen Subproletariat zu stehen.

Der Untergang des „Dritten Reiches" nach einem erneut riskierten und erneut verlorenen totalen Krieg markiert in der Entwicklungsgeschichte des deutschen Nationalismus eine fundamentale Zäsur. Der Vulkan des Radikalnationalismus erlosch. Eine tiefe Desillusionierung griff um sich. Für eine ressentimentgeladene Verweigerung des Friedens, wie sie der gekränkte Nationalismus nach 1918 praktiziert hatte, blieb kein Raum mehr. Der Nationalstaat zerbrach, erst in vier Besatzungszonen, dann in die beiden Neustaaten von 1949.

Vierzig Jahre lang diente der Nationalismus nicht mehr als Legitimationsbasis dieser Staaten. Seine Mobilisierungs- und Integrationskraft tendierte in der Bundesrepublik, abgesehen vom schmalen rechtsradikalen „Narrensaum" der Politik, gegen Null. In ein Vakuum, das die Zerstörung und Verbannung des nationalistischen Weltbilds hinterlassen hatte, konnte sich als neuer Loyalitätspol erst „Europa", dann der Leistungsstolz auf die Bundesrepublik festsetzen. In der ostdeutschen Satrapie des Sowjetimperiums scheiterte die Anstrengung kläglich, aus der eingemauerten DDR-Bevölkerung eine eigene „sozialistische Nation" zu kreieren.

Unter den vom Schicksal begünstigten Westdeutschen verblasste das Leitbild der gesamtdeutschen Nation mehr und mehr. Der Nationalismus verlor jede massenwirksame Anziehungskraft. Die weltpolitische Konstellation, welche die Teilung des Landes sanktionierte, wirkte fest betoniert. Noch ehe vierzig Jahre nach der „deutschen Katastrophe" von 1945 vorbei waren, zählte die klare Mehrheit zu den in der Bundesrepublik Geborenen, denen – wie die Meinungsumfragen ergaben – eine Wiedervereinigung illusionär erschien. Dafür aber tauchten die Konturen einer postnationalen Gesellschaft auf, deren belastbares Legitimationsfundament die Funktionstüchtigkeit des Verfassungs-, des Rechts- und des Sozialstaats im Verein mit den Leistungen der Wachstumsmaschine geschaffen hatte. Keinem Mitgliedsland fiel daher der Souveränitätsverzicht zugunsten der „Europäischen Gemeinschaft" und „Union" so leicht wie der Bundesrepublik.

Dank der Erosion der Sowjetunion und Gorbatschows Weitsicht, dank der polnischen „Solidarität" und dank vor allem der imponierenden ostdeutschen Bürgerrechtsbewegung konnte der Zerfall der DDR durch eine im rechten Augenblick zugreifende westliche Politik, insbesondere in Bonn und Washington, für die Vereinigung der beiden deutschen Staaten genutzt werden. Umgangssprachlich setzte sich dafür der Begriff der „Wiedervereinigung" durch. Tatsächlich handelte es sich aber um die schwierige Fusion von zwei Neustaaten mit langlebigen gemeinsamen Traditionen, inzwischen aber auch mit einer je eigenen prägenden Geschichte – ein Prozess mit außerordentlich komplizierten Folgewirkungen, die aller historischen Erfahrung nach (man denke nur an die drei, vier Jahrzehnte lange Periode nach dem amerikanischen Bürgerkrieg) zu ihrer Überwindung mindestens einer Generationsspanne bedürfen. Erst nach dem Jahr 2020 wird man diesen Vorgang genauer beurteilen können.

Wer aber gehofft hatte, mit der Rückkehr zum staatlichen Gehäuse eines Nationalstaats werde der Aufschwung eines neudeutschen Nationalismus verbunden sein, wurde enttäuscht; wer es gefürchtet hatte, wurde beruhigt. Trotz heftiger Wahlkämpfe, trotz krisenhafter ökonomischer Bedingungen, trotz unvermeidbarer Friktionen im Zusammenleben ist ein solcher Nationalismus bisher nicht hervorgetreten. Das spricht für die Politische Kultur der ehemaligen Westdeutschen und für die Belastbarkeit der staatlichen Legitimationsbasis. Es spricht aber auch für die Lernfähigkeit der Ostdeutschen, in deren Mitte sich unter dem Druck der Diktaturen von 1933 bis 1989 ein Überhang an deutschtümelndem Provinzialismus und zählebigen Relikten des Nationalismus hatte halten können, dass ihre Mehrheit trotz des eiskalten Sturzbachs an neuen Erfahrungen die politische Umwelt zu akzeptieren willens ist. So irritierend auch jeder Auftritt eines mörderischen Rechtsradikalismus ist, überwiegt doch eindeutig ein Protest, der sich in der Stärkung einer Regionalpartei wie der PDS ein im Grunde systemkonformes Ventil sucht.

Ob die Erfahrungen einer postnationalen Gesellschaft produktiv genutzt, ob die Rückkehr zum Weltbild des Nationalismus, seiner Nation und seinem Nationalstaat mit all seinen evidenten Gefahren fortab vermieden werden können – das wird abschließend in Kapitel X erörtert.

3. Transfernationalismus in der nichtwestlichen Welt

Der im Westen geborene Nationalismus hat sich in mehreren großen Wellen über die nichtwestliche Welt ausgebreitet. Die erste dieser Expansionsbewegungen erreichte am Ausgang des 18. Jahrhunderts Lateinamerika. Das Vorbild der nordamerikanischen Nationalrepublik hatte im Süden sogleich eine tief-wirkende Faszination ausgeübt, und als die Bindungen an die spanische und portugiesische Metropole durch die Ausbreitung der Französischen Revolution über Europa aufgelockert wur-den, setzte die Imitation des nordamerikanischen Emanzipati-onskampfes unverzüglich ein. Was waren ihre wesentlichen Antriebskräfte? Warum konnten sie sich innerhalb relativ kur-zer Zeit durchsetzen?

In den südamerikanischen Kolonien der iberischen Halbinsel hatte sich seit langem eine tiefe Unzufriedenheit mit der rigoro-sen Gängelung durch die Kolonialherren aufgestaut. Am här-testen fühlten sich die Kreolen, die bereits in Lateinamerika ge-borenen Spanier und Portugiesen, zurückgesetzt, da sie sich im Vergleich mit den nur zeitweilig in der Administration oder Wirtschaft tätigen Vertretern der Kolonialherrschaft allenthal-ben diskriminiert fühlten. Für die kreolischen Führungsschich-ten gewann daher der Gedanke, nach dem Erfolgsmodell der Vereinigten Staaten, die soeben in derselben Hemisphäre ent-standen waren, eine eigene Nation zu begründen, eine anhal-tende Attraktivität. Für sie war es nur ein kurzer Schritt bis hin zu der Legitimierung einer eigenständigen Existenz, für die sich im Erfahrungshorizont des zeitgenössischen Denkens und Sprachhaushalts der Begriff der Nation aufdrängte.

In Südamerika hatten sich zwar vom 16. bis zum Ende des 18. Jahrhunderts keine genuinen Ethnien mit den vorn charak-terisierten Eigenschaften, sondern streng hierarchisch stratifi-zierte Kolonialgesellschaften mit einer hauchdünnen weißen Oberklasse und einer erdrückenden Mehrheit von Mestizen und Mulatten, von indianischen Eingeborenen und importier-ten Sklaven herausgebildet. Doch war im Verlauf von zweiein-halb Jahrhunderten in den – im Grunde willkürlich-zufällig zurechtgeschnittenen – kolonialen Verwaltungsprovinzen unter den Oberschichten ein Eigenbewusstsein entstanden. In den Unabhängigkeitskriegen der spanischen und portugiesischen Überseereiche, gegen deren Abfall die iberischen Metropolen nicht mehr kraftvoll intervenieren konnten, erwies sich dann diese Orientierung an den etablierten Verwaltungseinheiten imstande, die Energien zu kanalisieren und der Planung künftiger souveräner Republiken akzeptable Landesgrenzen zu setzen. Alle südamerikanischen „Nationalstaaten" – bis auf das von den USA geschaffene Kunstprodukt Panama – sind schließlich aus den Kolonialprovinzen hervorgegangen.

Als ihr Dauerproblem erwies sich der Umstand, dass sich zwar die kreolische Oberklasse als Nation zu definieren vermochte, ein traditionsbefestigter ethnischer Unterbau ihr jedoch fehlte. Daraus resultierte eine außerordentlich gefährliche Labilität des politischen Herrschaftssystems, da ihm die stabilisierende Vergangenheit einer seit langem ausgebildeten Ethnie fehlte. Aus diesem fatalen Strukturfehler und aus der Sprengkraft der multikulturellen Heterogenität resultierte eine schier endlose Abfolge von erfolgreichen Staatsstreichen, erfolglosen Coups, Diktatorial- und Caudilloregimes, welche die verheißene, faktisch aber fehlende Homogenität der Nation mit autoritären Mitteln herzustellen versuchten.

Blickt man auf die späteren Sturmzonen des Nationalismus, kündigten sich in der ersten Hälfte des 19. Jahrhunderts außer dem irischen Sezessions- und Einigungsnationalismus allein im Norden des Osmanischen Reiches, auf dem Balkan, sodann im Kampf um die griechische Unabhängigkeit Nationalbewegungen an. Wohl aber begann seit den 1870er Jahren der Nationalismus in Ostasien Fuß zu fassen. Denn nach der gewaltsamen Erschließung des bis dahin nahezu hermetisch abgeriegelten Inselreichs Japan durch ein amerikanisches Flottengeschwader (1854) stellte die Reformära seit 1868 die Weichen für eine intensive Nachahmung des westlichen Erfolgsmodells. Dazu gehörte, weil er mit dem Paket von Modernisierungsversprechen übernommen wurde, auch der Nationalismus. Er traf im Reich des Sonnenkaisers und einer innovationswilligen „strategischen Clique" von Samurai auf nahezu optimale Voraussetzungen, die in mancher Hinsicht den Vergleich mit England ermöglichen.

Seit vierzehnhundert Jahren hatten die japanischen Inseln eine soziokulturell und politisch eigenständige, invasionsfreie Autonomie genossen, aus der ein geradezu idealtypisch ausgebildeter ethnischer Herrschafts- und Solidarverband hervorgegangen war. Er konnte, wie sich herausstellte, ziemlich mühelos als traditionsreiche Nation uminterpretiert werden. Das Sendungsbewusstsein eines auserwählten Volkes, das als einziges von einem Sohn der Sonnengöttin regiert wurde und sich nicht ohne rassistischen Dünkel von den indigenen Ainu und Nachbarvölkern schroff abgrenzte, die soeben bewiesene Regenerationsfähigkeit auf seinem heiligen Territorium, die Mobilisierung und Konsolidierung durch junge Intellektuelle, die seither zu Hunderten an die Universitäten des Westens strömten, demonstrierten den Erfolg. Diese Hochschulen lagen namentlich in Preußen, das wegen seiner Affinität als erfolgreich modernisierender Militärstaat zum Tennoreich bewundert und vielfach nachgeahmt wurde.

Nach der Jahrhundertwende konnte die nationaldemokratisch-republikanische Reformbewegung Sun Yat-sens in China die Nationalisierung Japans bereits als nachahmenswerte Erfolgsleistung betrachten. Im Gefolge des Sturzes der Manchu-Dynastie setzte seit 1911 in der neuen Riesenrepublik ein erbitterter Kampf darum ein, welchem „Warlord" es gelingen werde, im Anschluss an die ethnischen Traditionen der Han-Chinesen eine nationale Identität zu prägen. Zeitweilig sah die Kuomingtang-Partei Tschiang Kai-schek als der Sieger aus, doch war sie der ebenso radikalkommunistischen wie nationalistischen Revolutionsbewegung Mao Tse-tungs letztlich nicht gewachsen.

Während die japanische Reformoligarchie ihre Aufholjagd hinter den westlichen Pioniergesellschaften fortsetzte und Sun Yat-sen die Transformation des „Reichs des Himmels" vorbereitete, bildeten sich in Britisch-Indien und im holländischen Indonesien ebenfalls die Keimzellen nationalistischer Unabhängigkeitsbewegungen. Ihr Nahziel war die Befreiung von der Kolonialherrschaft, ihr Fernziel aber die Bildung eines souveränen Nationalstaats. Vergleichbare Bewegungen kristallisierten sich nach dem Ersten Weltkrieg im französischen Cochinchina, in den nordafrikanischen Besitzungen Frankreichs und im englisch dirigierten Ägypten heraus.

Ein voller Erfolg war diesen antikolonialistischen Emanzipationsbewegungen jedoch erst nach dem Zweiten Weltkrieg beschieden, als der massive Druck der USA zugunsten der Auflösung aller westlichen Kolonialreiche im Verein mit der Sprengwirkung militanter innerkolonialer Guerilla- und Befreiungsbewegungen die Ära einer weltumspannenden Dekolonisierung einleitete. Damit verbunden war eine neue Welle des Transfernationalismus. Denn alle diese überstürzt in eine gefährdete Mündigkeit entlassenen Kolonialgebiete wollten dem Vorbild des westlichen Nationalstaats nacheifern. Hatten ihn die Friedensverträge nach dem Ersten Weltkrieg zur Norm für die gesamte europäische Staatenwelt erklärt, wurde er jetzt für geraume Zeit zur global verbindlichen politischen Einheit erhoben.

Gibt es auch eine bunte Vielfalt landesspezifischer Eigenarten, welche diese Staatsgründungen beeinflussten, lassen sich doch einige strukturelle Gemeinsamkeiten herausheben.

1. Wesentliche Vorbedingungen für die Übernahme der nationalstaatlichen Ordnungsidee haben das Schulwesen in den Kolonien selber und die Ausbildung indigener Führungskräfte an den europäischen Hochschulen geschaffen. Die englischen, französischen, holländischen Kolonialherren etwa haben, wenn auch außerordentlich spät, ein rudimentäres System von Volksschulen und einigen Gymnasien in wichtigen Kolonien aufgebaut und vielversprechende Zöglinge in Oxford, Cambridge und London, in Paris und Amsterdam, später auch an Militärakademien wie Sandhurst, mit den Weihen einer höheren Ausbildung ausgestattet, um ihnen in der Heimat sorgfältig eingegrenzte Verwaltungskompetenzen übertragen zu können. Überall wurden die nach westlichen Maßstäben begabten Schüler zuerst einmal in einigen höheren Internatsschulen der

jeweiligen Kolonien zusammengefasst. Dort setzte ein Prozess folgenreicher politischer Sozialisation ein.

Die Realität Indiens, Cochinchinas und Indonesiens oder der afrikanischen Westküste wurde durch eine immense Heterogenität bestimmt. Das von den Holländern zusammengewürfelte pazifische Inselreich Indonesien besaß fast so viele Sprachen und Stammesreligionen wie seine dreitausend Inseln. Im französischen Südostasien drängten sich zahlreiche Stammessprachen, untergegangene Hochkulturen und prekäre Kleinverbände unter dem französischen Protektorat zusammen. In Indien herrschte der britische Raj über Aberhunderte von ethnisch-sprachlichen Gemeinschaften, die im wesentlichen mit den Methoden des „Informal Empire" und der wegen ihrer Effizienz gerühmten britischen Kolonialbürokratie, des „Indian Service", einer lockeren Zentralisierung unterworfen wurden. Aus solch einem Ambiente brachte jeder Schüler zunächst nur seine lokalspezifische Prägung mit, wenn er an eine höhere Schule delegiert wurde.

Dort aber lernte er an der Gemeinschaft der aus allen Landesteilen stammenden Schüler, im Lehrstoff und durch die Indoktrination des Lehrpersonals die zunächst „imaginierte" Gemeinschaft seiner Kolonie als vorstellbare Einheit kennen. Außer der lokalen Identität in dem Dorf auf Sumatra, Celebes oder Bali erlebte der Schüler in Djakarta die Identifizierung mit jenem „Indonesien", das die Holländer unlängst als Sammelbegriff für ihre Inselwelt erfunden hatten. Derselbe Vorgang spielte sich in Indien ab, wenn die lokale Identität aus Kaschmir, Bengalen, dem Gangesdelta durch die neue Loyalität gegenüber Britisch-Indien ergänzt wurde. Und in Cochinchina brachten die Jungen ihre Stammeskultur aus kambodschanischen Dörfern, laotischen Kleinstädten oder Vientiane mit, ehe ihnen in Saigon die Vorstellung von einem französischen Vietnam vermittelt wurde. Keiner dieser Schüler lernte die weiträumigen Gebilde dieser imaginierten Kolonialeinheiten realiter kennen. Doch in ihrer Vorstellungswelt banden auch diese Einheiten fortab Loyalität an sich.

Wenn die kleine Spitzenschicht des westlich ausgebildeten

jungen Führungspersonals dazu noch Studienmöglichkeiten an einer europäischen Universität erhielt, wurde zum einen diese Vorstellungswelt dezidiert befestigt. Zum anderen absorbierte diese Elite voller Aufgeschlossenheit die Modernität des Westens, nicht zuletzt seines Nationalismus und seiner Nationalstaaten. Auch und gerade ein selbstbewusster Brahminen-Sprössling mit einem so elitären Bewusstsein wie der junge Nehru wollte und konnte sich in England diesem Sog der westlichen Moderne nicht entziehen. Wenn sich die jungen Experten nach der Rückkehr in ihre Heimatkolonie einer antikolonialistischen Emanzipationsbewegung anschlossen, war aufgrund ihrer Lebensgeschichte die Entscheidung über das Ziel schon gefallen: Indien, Vietnam, Marokko, Indonesien – sie alle sollten zu souveränen Nationalstaaten, ihre Bevölkerung zur Nation gemacht werden. Welche Erfahrung, welcher Wissensbestand hätte ihnen auch eine überlegene Alternative nahe legen können?

2. Als in den 1940er/50er Jahren die Stunde der Unabhängigkeit schlug, trafen alle Führungspersönlichkeiten der Gründungsphase die Entscheidung für die Nation und den Nationalstaat, gleich ob sie Nehru, Sukarno, N'Krumah, Nasser oder Ho-Tschi-Minh hießen. Diese Entscheidung stellte sie jedoch vor ungemein komplizierte, in der Regel bis heute noch nicht gelöste Aufgaben. Zwar hatte nicht jede Kolonialmacht die Ausbildung eines indigenen Führungspersonals so schmählich vernachlässigt wie etwa Portugal und Belgien. Doch auch dort, wo sich die englische, französische, holländische Kolonialverwaltung aus aufgeklärtem Eigeninteresse mehr Mühe mit einer solchen Elitenschulung gegeben hatte, existierte doch eines nicht: ein funktionstüchtiger moderner Staatsapparat. Chaotische Probleme türmten sich überall auf, als es darum ging, nach dem Abzug der Kolonialherren wenigstens Ansätze von staatlichen Institutionen aufzubauen.

Staatsbildung im wörtlichen Sinn erwies sich jetzt als vordringliche Aufgabe. Dieser ohnehin schwierige Prozess überschnitt sich indes überall mit dem Anlauf zur Nationsbildung. Denn unter Berufung auf eine fiktive, imaginierte „Nation" war der Kampf um die Dekolonisation geführt worden, und der Wille der Nation sollte jetzt zur Legitimation des postkolonialen Herrschaftssystems dienen. Doch wie konnte in einer überschaubaren Zeit aus Hunderten von Stammes- und Sprachverbänden in Indien, Indonesien, Ghana (die Ashanti waren dort ja nur ein ethnischer Verband unter 600 anderen), Nigeria, Vietnam eine homogene Nation, wie sie das idealisierte europäische Beispiel suggerierte, geschaffen werden? In der Vorstellungswelt der charismatischen Führungsfiguren und der Machteliten um sie herum gab es offenbar keine denkbare, keine realisierbare Alternative.

Deshalb wurde mit allen vertrauten Mitteln vorgegangen: Mit der Schul- und Sprachenpolitik, der Indienstnahme glorreicher Traditionen, Rituale und Symbole, aber auch mit autoritärem Zugriff und mit Gewalt wurde der Weg zur Nation eingeschlagen – ein Leidensweg mit unzähligen Opfern bis heute. Wie in den soziokulturell-ethnischen Mischsiedlungsgebieten Ost- und Südosteuropas erwies sich der Import der Nationsidee und ihres Nationalstaats als ein Debakel.

3. Die meisten Angehörigen der postkolonialen Machteliten waren daheim oder am europäischen Studienort mit den Ideen eines orthodoxen oder aufgeklärten Marxismus in Berührung gekommen. Er lieferte ihnen die Kategorien, um das koloniale Ausbeutungsverhältnis in einem größeren Zusammenhang zu interpretieren. Dieser Präferenz entsprach eine schneidende Kritik an den Methoden des westlichen Kapitalismus in allen Kolonialreichen. Zugleich ging von dem Tempo der wirtschaftlichen Modernisierung in den staatskommunistischen Ländern eine unleugbare Faszination aus. Dass dort dem Rassismus von der offiziellen Politik eine klare Absage erteilt wurde, erhöhte ebenso die Attraktion wie der autoritäre Lenkungsstil der Führungskader. Aus diesen Gründen bildete sich in zahlreichen „Entwicklungsländern", wie man zu sagen begann, ein nationaler Sozialismus heraus, der die Emanzipations- und Kampfideologie des Marxismus für die eigenen Zwecke auf der Linie jener Fusion, welche diese beiden mächtigen Strömungen bereits früher in Europa eingegangen waren, erwartungsvoll

zurechtschnitt. Dieser nationale Sozialismus knüpfte an indigene Traditionen des kollektiven Wirtschaftens, überhaupt der Unterordnung unter kollektive Stammesinteressen an. Damit verschaffte er den Neustaaten eine Kontinuitätsbrücke, die aus der Vergangenheit in ihre Gegenwart führte. Auf diese Weise erschien der Nationalismus nicht nur als nachahmenswertes Erfolgsrezept des Westens oder der kommunistischen „Zweiten Welt", sondern auch als zeitgemäß modernisierte Fortsetzung uralter Eigentraditionen.

Man wird dem politischen Aberglauben, den die konservative Revolution des Neoliberalismus aufgefrischt hat, nicht huldigen wollen, dass der Übergang der „Dritten-Welt-Länder" zu einer uneingeschränkt liberalen, privatkapitalistischen Marktwirtschaft das Nonplusultra an kluger Entwicklungsstrategie bedeutet hätte. Offensichtlich musste vielmehr jedes Land seine eigene Mischform von Marktrationalität und staatlicher Steuerung finden. Doch ebenso deutlich liegt inzwischen auf der Hand, dass die Entscheidung für ein nationalistisch-sozialistisches Regime überall mit gravierenden Entwicklungshemmungen verbunden war.

Nach dem Vorbild der staatskommunistischen – uneingestanden auch der westlichen – Länder wurden Investitionsströme in den Aufbau von Industrieanlagen gelenkt. Sie fehlten dann für den Ausbau des Bildungswesens, der Infrastruktur, der Landwirtschaft, in der die erdrückende Mehrheit weiterhin existieren musste. Zum zweiten verschärfte die vom Aufschwung der Sowjetunion geblendete Aufholjagd die angeblich unvermeidbare autoritäre Gängelung des gesamten gesellschaftlichen und politischen Lebens. Nach der kurzlebigen Euphorie der Befreiung von kolonialer Vormundschaft setzten sich vielerorts folgerichtig konventionelle Diktaturen durch. Für die Klientel dieser Monokratien oder für die Machteliten abgemilderter autoritärer Systeme erwies sich die Koinzidenz von Staats- und Nationalbildung als eine kaum zu bewältigende Aufgabe. Wiederum tauchte das Grunddilemma auf, dass sich keine attraktive Alternative zur Politik der Nationsbildung erkennen ließ. Den Machtansprüchen von Stämmen, Sprach-

und Religionsgemeinschaften musste offenbar im Horizont der Akteure eine derartige Integrations- und Mobilisierungsideologie entgegengesetzt werden, um sowohl mit dem Prozess der Staatsbildung als aber auch mit der Konsolidierung der Elitenherrschaft überhaupt voranzukommen.

Mit dem Scheitern erst des eigenen nationalen Sozialismus, dann mit der Auflösung der Sowjetunion und ihres Imperiums hat zwar die Anziehungskraft des verstaatlichten Marxismus ihren Glanz verloren, so dass es fast überall zu einer neuen politischen Weichenstellung gekommen ist. Die Grundtatsache in allen Empfängerländern des Transfernationalismus nach 1945 bleibt jedoch bestehen: Können derart extrem multiethnische und polyzentrische Neustaaten zu Nationen homogenisiert und zu Nationalstaaten ausgebaut werden, ohne eine abschreckende Opferbilanz zu erzeugen, welche die Unangemessenheit dieses Transfers unterstreicht? Ist mithin die vielfach verkündete, angeblich weltweit etablierte Vorherrschaft des Nationalstaats – ein Urteil, das gewöhnlich die Omnipräsenz des konsolidierten westlichen Nationalstaats unterstellt – nicht doch nur eine „optische Täuschung" (E. Gellner)?

IX. Erfolge des Nationalismus –
Unverdienter Ruhm des Nationalstaats

Trotz aller Kritik am Nationalismus lässt sich nicht leugnen, dass dieses Weltbild auch eine stattliche Erfolgsbilanz aufweist. Die Nationalsprachen, oft auch die beflügelnden Ideen des Nationalismus, sind der Ausbildung einer Nationalliteratur mit herausragenden Leistungen, auf die keiner verzichten möchte, zugute gekommen. Unstreitig gibt es Höhepunkte der Literatur – Shakespeare und Milton in England, Montaigne und Voltaire in Frankreich, Goethe und Lessing im deutschsprachigen Mitteleuropa –, welche der späteren Nationalliteratur als Vorbild gedient haben, selber aber nicht aus der Ideenwelt des Nationalismus stammen. Doch im Zeitalter des westlichen Nationalismus hat seine Doktrin auf das Literaturleben, überhaupt auf die „Printmedien", häufig stimulierend gewirkt.

Ernest Gellners Basisargument, den Nationalismus und sein Geschöpf, die Nation, ihre standardisierte Nationalkultur und den Nationalstaat als notwendige Bedingungen für die Funktionsfähigkeit moderner Industriegesellschaften anzusehen, besitzt wegen seines starren Funktionalismus nur eine beschränkte Tragweite. Doch haben sich die staatlich durchgesetzten Nationalsprachen in der Tat für den Modus operandi von hochkomplexen Industrie-, Konsum- und Dienstleistungsgesellschaften als unentbehrliches Medium erwiesen. Nur so war eine unkomplizierte Verständigung – an jedem Ort, mit jeder sozialen Klasse – möglich, wie sie im Labyrinth der Dialekte oder mit einer Kunstsprache wie Esperanto nicht möglich gewesen wäre.

Unübersehbar hat auch die Rechtseinheit moderner Nationalstaaten große Gesetzeswerke zur Grundlage, die in der Regel als Emanation des „Volksgeistes" (im Sinne der Historischen Rechtsschule) oder „nationaler" Rechtstraditionen aufgefasst wurden, in der Nationalsprache jeden Sachkundigen erreichten und als verbindliche Richtschnur des staatlichen Rechtssystems fungierten.

Die Legitimitätsfiktion moderner Republiken, die Volkssouveränität als Quelle aller Gesetze und parlamentarischen Entscheidungen, wurde durch die Nationsbildung mit konkrete-
rem Inhalt gefüllt. Überhaupt setzte die Funktionsfähigkeit des
politischen Systems eine kulturelle Homogenität voraus, die im
Zeichen des allgemeinen Wahlrechts, der Parteiendemokratie
und des Parlamentarismus wesentlich dem Nationalismus zu
verdanken war.

Andrerseits zeigte der Nationalismus insbesondere in der
politischen Welt sein Janusgesicht. Denn die Leitvorstellung
von der homogenen Nation führte zu einer harten Exklusionspraxis gegenüber nationalen Minderheiten. In mancher Hinsicht ist auch der giftige moderne politische Antisemitismus eine rassistisch aufgeladene Unterart des Nationalismus, da er
eine bereits traditionell diskriminierte Minderheit aus dem
„Körper" der Nation ausschließt.

Unübersehbar hat es auch das Ideal der nationalen Einheit
erschwert, das Zusammenleben in multinationalen Gesellschaften durch föderative Lösungen, welche die respektvolle
Anerkennung des gleichberechtigten „Anderen" voraussetzten,
zu erleichtern. Ganz abgesehen davon, zu welch heillosen Konflikten die neu erfundenen „nationalen Interessen" zu führen
vermochten.

Der Nationalstaat entsprach der Zielvision der Nationalbewegungen. Insofern verkörperte er für sie und für die national
sozialisierten Angehörigen etablierter Nationen einen Höchst-
wert an sich. Selbst für einen so weit und vergleichend denken-
den Kopf wie Max Weber besaß der Nationalstaat eine normative Priorität. Abgesehen von diesem zeitbedingten Erfüllungs-
gefühl gab es jedoch auch kontingente Erfolgserfahrungen, die
der Verbindlichkeit des Nationalismus als Säkularreligion und
dem Götzendienst am Nationalstaat in massiver Weise zugute
gekommen sind.

1. Mit dem Nationalstaat verband sich in den okzidentalen
Staaten der Durchbruch der Industriellen Revolution, danach
eine äußerst erfolgreiche Industrialisierung und das moderne
Wirtschaftswachstum mit seiner beispiellosen Wohlstandsstei-

gerung, die sich zwar – unterbrochen nur von den beiden totalen Kriegen und der Weltwirtschaftskrise seit 1929 – erst auf längere Sicht als Dauererscheinung auswirkten, aber im Gedächtnis einiger Generationen den überaus positiv ausfallenden Vergleich mit der vorhergehenden Zeit ermöglichten. Dieser Aufschwung wurde auch und gerade dem Nationalstaat mit seinem inneren Großmarkt, mit seinen Konjunkturimpulsen, überhaupt mit seinen neuartigen ökonomischen Dimensionen zugeschrieben.

2. Der Nationalstaat war in aller Regel auch ein moderner Verfassungs- und Rechtsstaat. Die ungeschriebene Verfassung Englands, des Landes ohnehin mit der höchsten Rechtssicherheit von allen westlichen Ländern, besaß mindestens dieselbe normative Verbindlichkeit wie die geschriebene Konstitution. Den Bürgern dieser Staaten wurde ein bisher unbekanntes Maß an politischer Teilhabe und ein neuartiges Maß an Rechtssicherheit gewährt. Die Rechtsbasis der bürgerlichen Gesellschaft wurde durch eine weithin bewunderte Gesetzgebung ausgebaut, welche die Textur des modernen Verfassungsstaats in einem weiten Sinn geschaffen hat. Auch dieser unschätzbare Gewinn wurde im kollektiven Gedächtnis dem Nationalstaat zugerechnet, obwohl doch gerade in den deutschen Staaten der Konstitutionalismus und der Parlamentarismus vor dem Nationalstaat entstanden waren.

3. Nach einem mühseligen Lernprozess entwickelte sich als Reaktion auf die ökonomischen Krisen und sozialen Belastungen der industriellen Welt, nicht zuletzt auch des politischen Systems, der moderne Interventions- und Sozialstaat, dessen Genese sich seit den 1870er Jahren in Europa – an erster Stelle im Deutschen Reich, in Österreich und in der Schweiz – verfolgen lässt. Als Nachfolger des englischen Typus von Sozialpolitik mit seiner privaten und korporativen Vorsorge übernahm der Staat eine Art von Ausfallgarantie durch seine moderne Daseinsvorsorge mit ihrem allmählich dichter gewebten „Netz der sozialen Sicherheit". Auch diese Fortsetzung der inneren Staatsbildung in Gestalt des Sozialstaats, der überdies in Deutschland wichtige Wurzeln in der kommunalen und territo-

rialstaatlichen „Wohlfahrtspolitik" besaß, galt als Leistung des reformfähigen Nationalstaats.

4. Schließlich gelang es, um nur noch eine weitere kontingente Erfolgserfahrung zu nennen, nach schweren Auseinandersetzungen, die manchmal bis an die Grenze des Bürgerkriegs geführt haben, große Sozialkonflikte Schritt für Schritt zu institutionalisieren. An die Stelle etwa des offenen Klassenantagonismus zwischen Unternehmerlager und Arbeiterschaft trat der rechtlich gezähmte Konflikt, alsbald in der Form der Tarifpolitik mit ihrem Ritual von Drohung und Gegendrohung vor dem Kompromiss.

Alle diese Erfolge waren jedoch keineswegs mit innerer Notwendigkeit an die Existenz eines Nationalstaats gebunden. Wirtschaftswachstum erzielte auch ein autoritäres Kaiserreich wie Japan, das sich erst auf dem Weg zur Nationsbildung befand. Ein Verfassungs- und Rechtsstaat par excellence war auch die alte Bundesrepublik Deutschland vor 1990, ohne je Nationalstaat gewesen zu sein. Zum Sozialstaat in einem mit der europäischen Problemlösung vergleichbaren Sinn sind die Vereinigten Staaten wegen zu widerspenstiger entgegenstehender Traditionen noch immer nicht geworden. Soziale Konflikte werden auch in multinationalen Staaten gezähmt, die nur äußerlich das Etikett des Nationalstaats tragen.

Kurzum, außerordentlich folgenreiche positive Entwicklungen in der westlichen Welt: Wirtschaftswachstum und Wohlstandssteigerung, Verfassungsstaatlichkeit und Rechtssicherheit, Daseinsvorsorge und Konflikteinhegung, fallen, historisch gesehen, zufällig in die Epoche der Nationalstaaten, obwohl sie als „Antwort" auf die „Herausforderung" der Modernisierungskonstellationen alles andere als zufällig zustande gekommen sind. Doch in der kollektiven Erinnerung wurden sie als genuine Leistungen des Nationalstaats aufbewahrt. Als schlagender Beweis seiner ökonomischen und politischen Modernität haben solche Erfolgserfahrungen eindringlich, wenn auch auf eine schwer messbare Weise, die Attraktivität des Nationalismus und des von ihm geschaffenen Nationalstaats gesteigert – ihn als den unbezweifelbar richtigen Weg in der

Gegenwart und erst recht in die Zukunft überhöht. Den Natio-nalstaat vorbehaltlos zu akzeptieren hieß offensichtlich, sich auf der Höhe der Zeit zu bewegen, wahrhaft modern zu sein, im Einklang mit dem mächtigsten Weltbild der Zeit zu leben. Der Nationalstaat sonnt sich daher seit langem im Glanz von Leistungen, die im Kern mit dieser politischen Verfassungsform nichts zu tun haben.

X. Das Ende des Nationalismus?

Ein großer Gewinn der neueren Nationalismusforschung und Identitätsdiskussion ist die Auflösung der konventionellen Vorstellung, dass die vom Nationalismus und Nationalstaat geschaffene nationale Identität eine Monopolstellung in der mentalen Welt des Individuums besitze. An die Stelle dieser schlichten Idee, die stets mehr Postulat als Wirklichkeit war, hat sie die Anerkennung der Koexistenz von mehreren Identitäten gesetzt: die „multiple Identität". Wie in einem liberalen Konkurrenzmodell agieren demnach unterschiedliche Identitäten neben- oder gegeneinander. Denn je nach den Anforderungen des lebensweltlichen Kontextes gewinnt die Identität des Katholiken, des Preußen, des Familienvaters, des Handwerkers, des Rheinländers – und all diese Identitäten hausen in ein und derselben Brust – den Vorrang. In einer Krisensituation wie dem August 1914 kann die nationale Identität den Primat erobern, und die anderen Identitäten treten zeitweilig zurück, oder sie alliieren sich mit der Nationalidentität und verleihen ihr eine zusätzliche Durchsetzungskraft.

Die Anerkennung dieses Pluralismus von Identitäten berührt sich unstreitig mit der älteren soziologischen Rollentheorie, die dem Individuum ebenfalls die gewöhnlich reibungslose Ausübung mehrerer Rollen bereits zuerkannt hatte. Sie geht aber über das Konzept der sozialkulturellen Persönlichkeit, welches die amerikanische Kulturanthropologie entwickelt hatte, um neben der physiologischen Person ihrer soziokulturell geprägten inneren Leitinstanz auf die Spur zu kommen, einen weiten Schritt hinaus. Andrerseits ist sie mit der Habitus-Theorie des französischen Soziologen Pierre Bourdieu durchaus vereinbar, der stets mehrere Habitus: einen beruflichen, einen klassenspezifischen, einen geschlechtsgeprägten Habitus usw., anerkannt hat.

Dem Durchbruch zur Anerkennung der „multiplen Identität" eignet eine befreiende Wirkung insofern, als sie die dogmatische Axiomatik aller Nationalismen, dass nur der nationalen

Identität der allumfassende Primat gehöre, radikal infrage stellt. Selbstverständlich wird weiterhin eine national geprägte Identität, ein nationaler Habitus, anerkannt, doch ihre Bedeutung entschieden relativiert.

Die neuere Nationalismusforschung hat daher einen grundsätzlichen Zweifel an dem Totalitätsanspruch des Nationalismus geltend gemacht. Sie trägt damit auf ihre Weise dazu bei, einer Grundüberzeugung des Historismus: dass nämlich alle historischen Phänomene kommen und vergehen, ohne je einen Ewigkeitswert zu gewinnen, auch für den Nationalismus endlich Geltung zu verschaffen. Damit reflektiert sie auch eine allgemeinere Infragestellung der absoluten Verbindlichkeit des nationalistischen Weltbilds und des Nationalstaats.

Wenn man die Vorreiterrolle des englischen Nationalismus nicht überbewertet, hält die Epoche der Nationalstaaten erst seit gut 220 Jahren an. Inzwischen befinden sich jedoch ihre Organisationsprinzipien – sowohl diejenigen ihres Weltbildes als auch die ihrer institutionellen Lösungen – in einem Säurebad tiefer Skepsis. Woher stammt dieser fundamentale Zweifel?

1. In seiner Aufstiegsphase enthielt der Nationalismus die Verheißung, nach der Beseitigung der überkommenen sozialstrukturellen Privilegienhierarchie und der Ersetzung des fürstlichen Gottesgnadentums im monarchischen Untertanenverband durch die souveräne Nation ein harmonisches Zusammenleben der gleichberechtigten Nationsgenossen zu gewährleisten. Von diesem Versprechen zehrte der frühliberale Nationalismus in allen westlichen Ländern, aber auch der Transfernationalismus in allen nichtwestlichen Neustaaten, und seine Affinität zur Nationaldemokratie hat seine Überzeugungskraft noch verstärkt.

Tatsächlich hat aber der Nationalismus überall zu einer harten, unbarmherzigen, keineswegs einer brüderlichen Genossenschaft entsprechenden Exklusionspraxis im Inneren geführt. Ob Indianer oder Schwarzafrikaner – Farbige wurden jahrhundertelang aus der amerikanischen Nation effektiv ausgeschlossen. Das traf auch ebenso lang auf Iren und Katholiken in Großbritannien zu. Im deutschen Nationalstaat richtete sich eine unversöhnliche Politik des Ausschlusses gegen die Polen im preußischen Annexionsgebiet, vor allem aber mit schließlich mörderischen Konsequenzen gegen die jüdischen Deutschen. Auch wenn die Einzigartigkeit der deutschen Judenvernichtung eine Sonderstellung behält, lässt sich doch ein deprimierender Negativkatalog für alle alten, inzwischen auch für alle neuen Nationalstaaten unschwer zusammenstellen. Gemessen an der ursprünglichen Verheißung ist der Nationalismus nicht nur rundum gescheitert. Vielmehr hat das absolutistische Regime seiner Imperative neue, tödliche Konflikte in den Nationalstaaten, etwa in Gestalt der Nationalitätenkonflikte, aber auch zwischen ihnen heraufbeschworen.

2. Zur menschenfreundlichen Utopie des aufsteigenden Nationalismus gehörte nicht minder sein Versprechen, nach der Beseitigung der bisher dominierenden Konfliktursachen – des monarchischen Ehrgeizes, der das Ansehen der Dynastie und des Fürstenstaats immer wieder mit dem Mittel des Krieges steigern wollte, überhaupt des kompetitiven aristokratischen Rivalitätsdenkens – die im Prinzip friedliche Welt der bürgerlichen Nationsgenossen heraufzuführen. Ihrem Interessenausgleich im Inneren entspreche, behauptete man, geradezu natürlich die friedliche Koexistenz aller Nationalstaaten, denen die Unruhefeder des fürstlichen Kräftemessens im Kriegsduell ganz und gar abgehe. Der europäische Nationalliberalismus hat die Unschuld dieses Wunschbildes bereits im 19. Jahrhundert verloren. Allein in den USA lebte es in Woodrow Wilsons Utopie der „League of Nations", die im Deutschen irreführend als „Völkerbund" firmierte, und in Franklin Roosevelts „United Nations" weiter fort.

Tatsächlich aber hat der Nationalismus seinen Erfolgsbeweis: die Nationalstaaten, keineswegs zu friedfertigen Akteuren im internationalen System erzogen. Vielmehr ist zum einen die erdrückende Mehrheit aller Nationalstaaten aus nationalen Einigungskriegen, Bürgerkriegen oder Sezessionskriegen hervorgegangen. Die friedliche Entstehung von Nationalstaaten ist nachgerade eine Seltenheit. Man denkt an Norwegen, Island,

Kanada, Japan, die Nachfolgestaaten der Karibischen Union – und stockt schon. Verkörpert mithin bereits die Gründungsgeschichte ein Dementi des prinzipiellen Pazifismus, ist zum anderen das sog. Zeitalter der Nationalstaaten eine Epoche voller Kriege, die den Kampf um die „nationale Existenz" bis hin zum totalen Krieg zu steigern und eine beispiellose Mobilisierung aller Ressourcen auszulösen vermögen. Niederlagen vertiefen das Ressentiment als Nährboden des nächsten Krieges. Das pragmatische Machtkalkül mag die kriegerische Verfolgung „nationaler Interessen" zeitweilig zähmen. Doch ihrer Natur nach bleibt die Welt der Nationalstaaten ein konfliktgeladenes System.

Mit anderen Worten: Das fundamentale Defizit des Nationalismus und seines Nationalstaats ist ihre Unfähigkeit, Probleme des innergesellschaftlichen und außenpolitischen Friedens befriedigend lösen zu können – zumindest besser lösen zu können als andere Verfassungsformen und Ideensysteme. Im Gegenteil: Bei den inneren Integrationsanstrengungen und der Interessenverfechtung nach außen lösen beide extrem zugespitzte Konflikte aus. Gelingen aber doch einmal innen- oder außenpolitische Kompromisse, beruhen sie gewöhnlich auf der Zähmung des Nationalismus und des nationalstaatlichen Egoismus. Einen bescheidenen Trost bietet die empirisch erhärtete Tatsache, dass Demokratien von sich aus keine Kriege auslösen. Doch wie groß ist schon heutzutage die Anzahl von Demokratien, die diesen Namen uneingeschränkt verdienen?

3. Die okzidentale, von der Aufklärung noch einmal tief eingeschliffene Tradition, die dem Selbstbestimmungsrecht des Individuums die Qualität eines naturrechtlichen Axioms zubilligt, ist unter anderem vom westlichen Nationalismus auf Nationen übertragen worden. Das „Selbstbestimmungsrecht der Völker" gehört seither zur politischen Antriebskraft und Psychomotorik des Einigungs-, des Sezessions- und des Transfernationalismus. Woodrow Wilson und Lenin haben es gleichzeitig zur völkerrechtlichen Maxime wie zum Leitsatz der politischen Moral erhoben. Der Staatenordnung der Pariser Vorortverträge nach dem Ersten Weltkrieg wurde es als politi-

sche Norm zugrunde gelegt. Sie galt, so gesehen, auch als der Sieg eines geläuterten Rechtsdenkens. Faktisch führte sie jedoch auf dem Boden der drei zerstörten multinationalen Großreiche eine konfliktreiche „Balkanisierung" herbei. (Können dieselben Leitideen seit 1991 zu einer Wiederholung führen?) Dass weder Lenins Regierung sich gegenüber den Sezessionsabsichten nichtrussischer Völkerschaften zustimmend verhielt noch die Alliierten diesen Grundsatz etwa gegenüber Österreich, Südtirol, Oberschlesien respektierten, hat dem als Naturrechtsprinzip verbürgten Selbstbestimmungsrecht der Völker eine geraume Zeit lang trotzdem keinen Abbruch getan.

Inzwischen hat jedoch die Befolgung dieses Prinzips desaströse Folgen gezeigt, die seine Präzisierung und eine pragmatisch kluge Einschränkung gebieten. Das Prinzip scheint die Einführung einer Schwelle zu erfordern, unterhalb derer beliebig kleine Völkerschaften nicht automatisch ihren souveränen Nationalstaat als verbrieftes Ziel des Selbstbestimmungsrechts zugebilligt bekommen. Auf dem Balkan, im Baskenland und in der Kaukasusregion z. B., in Afrika und in Indonesien könnten sonst zahlreiche Zwergstaaten ohne ökonomische und politische Überlebenschancen, wohl aber als internationale Versorgungsfälle entstehen.

Freilich klingt eine solche Schwellenbefürwortung – und in der praktischen Politik wäre die verbindliche Fixierung der exakten Schwellenhöhe ohnehin ein vertracktes Problem – nach der Arroganz der Großen und daher Mächtigen. Wichtiger noch als die Schwelle ist aber ohnehin eine veränderte Prioritätensetzung, die als Teil der Alternative zum Nationalismus noch erörtert wird. Deshalb hier nur soviel: Die uneingeschränkte Garantie aller Grundrechte, dazu der regionalen und kulturellen Autonomie in einem föderalistischen Staatensystem sollte endlich eine höhere Priorität genießen als das im Zeitalter der Globalisierung ohnehin verblassende Ideal des souveränen Nationalstaats. Die Gewährleistung dieser Rechte würde den Menschen jenes ersehnte Maß an Autonomie verschaffen, das ursprünglich vom Hoffnungsziel des Selbstbestimmungsrechts der Völker verkörpert wurde.

4. Eine weitere nicht zu übersehende Gefahr stellt die Fähigkeit des Nationalismus dar, sich während einer Krisensituation in einen Radikalnationalismus mit exzessiver Programmatik und Politik zu verwandeln. Von Anfang an sind ja in den Nationalismus außerordentlich extreme Zielvorstellungen eingesenkt gewesen: das „auserwählte Volk" und seine tödlichen Feinde, das „gelobte Land" und seine existentielle Bedrohung, die „historische Mission" mit ihren unbegrenzten Ansprüchen. Das wohl verstandene Eigeninteresse der Entscheidungsträger mag Schutzwälle dagegen aufbauen, dass diese Ziele allzu rigoros verfolgt werden. Doch diese Dynamik bleibt in den innersten Kern des Nationalismus eingelassen und kann unter fördernden Bedingungen zur Entladung drängen. Überall will der Nationalismus die verlorene Einheit des Werte- und Normensystems mit seiner Doktrin wieder herstellen. Überall tendiert seine Dogmatik bei dem Versuch, die vorherrschende Heterogenität zu überwinden, zur Missachtung rechtlicher Barrieren, zur gewalttätigen Entartung, zur Despotie seiner „politischen Religion".

Abgesehen von dieser endogenen Motorik kann eine außergewöhnlich brisante Krisenkonstellation zu einer solchen Verschärfung führen, dass die Verletzungen, Demütigungen, Kränkungen darin münden, in der Verfolgung radikalnationalistischer Politik die einzige Lösung zu sehen. Man vergegenwärtige sich nur noch einmal das deutsche Krisensyndrom, das in den Jahren zwischen 1914 und 1933 entstand: der erste totale Krieg, nach der Kriegszieleuphorie die Niederlage, Millionen Tote und Verletzte, Territorialverluste im Osten und Westen, die „Reparationsknechtschaft", der verhasste Versailler Vertrag, die Hyperinflation, die weltwirtschaftliche Depression seit 1929. Unter dem Druck dieser Extremkonstellation stellte sich offenbar das Gefühl einer existentiellen Krise ein, die einer radikalnationalistischen Massenbewegung unter einem charismatischen Messias wie Hitler einen ungeheuren Aufschwung gab.

Strukturell gleichartige Radikalisierungsschübe aufgrund exogener Einwirkungen lassen sich aber auch im englischen

Jingoismus, im französischen Chauvinismus, im „Sowjetpatriotismus" seit 1941 und in zahlreichen anderen Nationalismen feststellen. Wenige -ismen haben zu derart verheerenden Folgen geführt, wie das der Radikalnationalismus in jedem dieser Fälle getan hat.

5. Auf mehreren regionalen Experimentierfeldern ist der Nationalismus mit seinem Nationalstaat inzwischen fatal gescheitert. Warf das sakrosankte Ideal der homogenen Nation schon in den als Vorbild dienenden westlichen Nationalstaaten der ersten anderthalb Jahrhunderte gravierende, wenn auch lange Zeit vertuschte Probleme auf (z.B. die der Schotten, Iren, Waliser in England; der Korsen und Bretonen in Frankreich; der Afro-Amerikaner und Indianer in Amerika; der Polen und Juden in Deutschland), löste die Übertragung der Zielvorstellung vom homogenen Nationalstaat auf Osteuropa, Südosteuropa und ein derart multiethnisches Gebilde wie Russland bereits die schwierigsten Probleme aus. Das Unternehmen, diese Leitidee konsequent zu verwirklichen, führte zu Vertreibungsaktionen in großem Stil, und die mörderische Konsequenz der „ethnischen Säuberung" – „ethnische Flurbereinigung" hieß das im SS-Jargon bereits seit dem Herbst 1939 – war (und ist) nur die gnadenlos konsequente Realisierung des verklärten Homogenitätszieles. Man müsse dort die Menschen „davon überzeugen, dass sie von der Umsetzung des nationalistischen Ideals absehen", hat Ernest Gellner unlängst kühl, aber auch resigniert konstatiert, „andernfalls sind ethnische Säuberungen unvermeidbar. Es gibt keinen dritten Weg".

Wer das Scheitern des homogenen Nationalstaats im Osten der nationalistischen Kernländer für eine bedauernswerte Ausnahme gehalten hatte, wurde durch die exakt analoge Entwicklung in Afrika, auf dem indischen Subkontinent, in Südostasien und Ozeanien eines Besseren belehrt. Offenbar ist der Nationalismus mit seiner Staatsidee auf multiethnische, polyzentrische Verbände ohne gefestigte Staatstraditionen nicht übertragbar. Wird er im Bann des westlichen Vorbilds dennoch transferiert, sind überall mörderische Massaker, engstirniger Rückzug auf einen Partikularnationalismus, erbitterter Widerstand gegen die befürchtete Vergewaltigung durch die neue Zentralgewalt die offenbar unvermeidbare Folge.

Völker lernen außerordentlich mühsam, wenn überhaupt, aus Fehlern, erst recht aus den Verbrechen in ihrer Vergangenheit. Wer aber den Glauben an die Lernfähigkeit des Menschen nicht aufgeben will, muss hoffen, dass die bisherigen Erfahrungen mit dem Nationalismus in den meisten westlichen, vollends aber in allen nichtwestlichen Gesellschaften ihn als politische Utopie sobald wie möglich völlig diskreditieren.

Wer die Kritik derartig zuspitzt, kann nicht umhin, sich der Frage nach einer überlegenen Alternative zu stellen. Hierzu nur einige Überlegungen.

Das Maximum an Autonomie muss mit der friedlichen Koexistenz von Menschen unterschiedlicher kultureller Prägung zusammengeführt werden. Für die Realisierung dieses anspruchsvollen Projekts sollte zuerst, das lässt sich aus den Erfahrungen mit dem Nationalismus folgern, die Vorrangigkeit einiger Ziele anerkannt werden. Nicht der Fetisch des souveränen Nationalstaates ist das höchste Ziel, sondern die verfassungsmäßige Garantie der Menschen- oder Grundrechte in einer funktionsfähigen Demokratie, mithin auch eine politische Praxis, die diesem Wertekanon folgt. Innerhalb des demokratischen Staates sollten, wie die österreichischen Theoretiker des Nationalitätenrechts, aufgeklärte Marxisten wie Karl Renner und Otto Bauer, seit dem ausgehenden 19. Jahrhundert in imponierenden, klug und weitsichtig durchdachten konzeptionellen Entwürfen argumentiert haben, Autonomierechte in einem doppelten Sinn grundgesetzlich verankert werden.

Zum einen geht es um das Recht auf regionale Autonomie, mithin um die Anerkennung des unanfechtbaren Besitzstandes von Minderheiten auf dem Territorium einer Mehrheit. Zum anderen geht es um kulturelle Autonomie in dem Sinn, dass Minderheiten das Recht auf Schulunterricht, Amtsverkehr, Gottesdienst in ihrer eigenen Sprache besitzen. Sie darf neben der Mehrheitssprache gleichberechtigt gebraucht werden und verlangt folgerichtig die Ausbildung zur Doppelsprachigkeit.

Die Gewährleistung solcher Autonomierechte ist fraglos mit

erheblichen Kosten verbunden. Doch sind solche finanziellen Belastungen des Gemeinwesens gering im Vergleich mit den exzessiven materiellen und sozialen Kosten eines offenen Konflikts, durch den im Grenzfall mit allen Mitteln die Sezession und Gründung eines eigenen Staats erreicht oder verhindert werden soll.

Die logische Konsequenz solcher Autonomierechte, vor allem aber auch das Ergebnis der historischen Erfahrung mit zentralistisch organisierten Nationalstaaten ist der Übergang zu einem föderalistischen System der Dezentralisierung von Herrschaft. Die Überlegenheit dieses Systems demonstrieren mehrere Erfolgsleistungen. In Nordamerika hat die politische Klugheit der „Gründungsväter" sogleich zum Aufbau eines solchen Föderalismus geführt, der auch die Kooptation neuer, gleichberechtigter Bundesstaaten mithilfe einer weitsichtigen, schematisierten Zugangsregelung gesichert hat. In Deutschland hat sich aufgrund der mächtigen Tradition ethnischer Verbände und der aus ihnen hervorgehenden Einzelstaaten ein föderalistisches System jahrhundertelang gehalten, zu dem die Bundesrepublik nach dem zentralistischen Diktatorialregime des „Dritten Reiches" zurückgekehrt ist. Seit mehr als einem halben Jahrhundert hat es sich erneut rundum bewährt.

Ihrem „Grand Design" nach ist auch die Europäische Union nicht als Bundesstaat, sondern als Staatenunion angelegt. Ihr Fluchtpunkt ist außer der wirtschaftlichen Einheit die politische Koordination in einem föderalistischen System, dessen Umfang nur mit dem der USA verglichen werden kann. Seine innere Heterogenität wirft aber aufgrund der nationalstaatlichen Vergangenheit der Mitglieder sperrige Probleme auf. Im Prinzip scheint jedoch der Evolutionstrend in der EU auf eine langwährende Abwertung ihrer Nationalstaaten hinauszulaufen, die dann allmählich den Status der historischen Regionen in den Mitgliedstaaten gewännen, im Sinn der Herrschaftsdezentralisierung zahlreiche Eigenrechte – wie etwa die deutschen Bundesstaaten – aber weiterhin behielten. Eine aussichtsreiche Europapolitik kann im Prinzip allein diesen Trend gegen jeden Etatismus und Zentralismus pragmatisch klug unterstützen.

Alle diese institutionellen Neuregelungen, die in verbindliche Rechtsformen gegossen werden müssen, werfen schon in Europa komplizierte Probleme auf. Die zentralistische Tradition in Frankreich etwa sträubt sich gegen die unumgänglichen Autonomiekonzessionen an Korsika. Der italienische Zentralismus hat erst nach blutigen Konflikten die Südtiroler Autonomie eingeräumt. Die exekutive Diktatur, die sich im Gehäuse des bewunderten englischen Regierungssystems eingerichtet und bis vor kurzem gegen Autonomierechte für die Schotten und Waliser gesträubt hat, ist erst unlängst der politischen Vernunft gewichen, und die offene Wunde in Nordirland erinnert an den Preis, den die versäumte rechtzeitige Gewährung von Autonomie noch immer verlangt. Andererseits kann man in Europa am ehesten an verhängnisvolle Lernerfahrungen mit den Exzessen des Nationalismus appellieren, obwohl es den vom Bolschewisierungsdruck befreiten osteuropäischen Ländern schwer fallen wird, auf die neugewonnene Souveränität Schritt für Schritt schon wieder zu verzichten.

Doch weitaus gravierendere Probleme stellen sich in Afrika, Indonesien, Indien der Forderung nach Autonomierechten in einer föderalistischen Demokratie in den Weg. In Afrika dient die Berufung auf das neue „nationale" Territorium der Verteidigung willkürlich gezogener, doch inzwischen sakrosankter Kolonialgrenzen, der Rekurs auf die „Nation" der brüchigen Legitimierung autoritärer Herrscher und Machteliten. Gravierende Belastungen würde der Übergang zu Autonomiestatuten und föderalistischer Dezentralisierung auch Indien, Indonesien und Südostasien auferlegen. Dennoch: Wo ist eine überlegene Option zu erkennen? Je länger der fatale Dauerkonflikt des derzeitigen Status quo, des zentralistischen Nationalstaats ohne großzügiges Minderheitenrecht, verlängert wird, desto schwieriger wird der Umbau.

All diese rechtlich-institutionellen Organisationsfragen treffen aber, selbst wenn sie beherzt und mit langem Atem angegangen werden, unvermindert auf den Superioritätsanspruch des Nationalismus, das unübertreffliche Bauprinzip der modernen Welt zu verkörpern. Doch eben dieser Kern des Nationalismus kann und muss inzwischen mit guten Gründen infrage gestellt werden.

An die Stelle des Nationalismus hat eine neue Programmatik zu treten, die als die Legitimationsbasis moderner Staaten dienen kann. Das ist die Leistungsfähigkeit des demokratischen Verfassungsstaats, des Rechtsstaats, des Sozialstaats und des ökologisch gezügelten Wirtschaftswachstums. Es ist mithin jene Kombination von Errungenschaften, wie man durchaus sagen darf, die sich seit dem späten 18. Jahrhundert im Gefolge der politisch-industriellen „Doppelrevolution" des Westens, aber auch als Resultat älterer Traditionen, vollends dann nach dem Zweiten Weltkrieg in den meisten hochentwickelten westlichen Staaten herausgebildet hat. In ihrer Feiertagsrhetorik mögen Politiker noch dem Nationalismus ihre Reverenz erweisen. Auch kann in einer Krisenzeit (wie dem Thatcher-Krieg Englands gegen Argentinien wegen der Falkland-Inseln) ein vulgärer Radikalnationalismus ebenso hochschäumen, wie er das früher in Krisenzeiten getan hat. In der Regel aber legitimieren sich diese westlichen Staaten nicht mehr durch den Rekurs auf die Nation und ihre nationalen Interessen. Vielmehr hängt die Zustimmungsbereitschaft ihrer Bürger in einem fundamentalen Maße ab

– von der Funktionstüchtigkeit der demokratischen Institutionen, des Regierungssystems, mancherorts auch schon des Föderalismus;
– von der Rechtssicherheit, die der differenziert ausgebaute Rechtsstaat vermittelt;
– von der Sicherheitsgewähr, die der Sozialstaat seinen Bürgern zu bieten vermag;
– von den Wohlstandseffekten, die eine wachsende, umweltverträgliche Wirtschaft generieren kann.

Diese Leistungen werden weltweit – mit der Ausnahme der letzten, inzwischen aber auch vom Westbazillus erfassten kommunistischen Diktaturen – als neues Vorbild anerkannt. Faktisch sind daher die neuen Legitimationsspender längst an die Stelle jenes Monopols getreten, das der Nationalismus von Anfang an beansprucht hat. Europäische Staaten z. B. geraten nicht mehr in eine letale Krise, weil sie heilige Souveränitäts-rechte an die Europäische Union delegieren. Wohl aber könnte sie der Rückfall in autoritäre Politik oder in grassierende Rechtsunsicherheit, ein von den neoliberalen Dogmatikern eingeleiteter Abbruch des Sozialstaats oder eine langwährende Wirtschaftsdepression in eine Krise stürzen.

Daher kommt alles darauf an, die vier neuen Ressourcen der Legitimation funktionstüchtig zu erhalten. Vor allem aber müs-sen sie endlich als neue Legitimationsbasis anerkannt werden, da sie längst über den Rang einer provisorischen Ersatzpro-grammatik hinausgewachsen sind. Je länger der Frieden anhält und je dauerhafter sich die neue Programmatik bewährt, desto mehr wird der Nationalismus an sozialintegrativer und poli-tiklegitimierender Kraft verlieren. Man darf deshalb hoffen, dass auf die neuere Nationalismusforschung, die den Nationa-lismus prinzipiell kritisch infrage stellt, tatsächlich das Bild von der Eule der Minerva zutrifft: Vor ihrem Flug hat die letzte Dämmerung des Nationalismus eingesetzt.

Kommentierte Bibliographie

Angesichts der universalhistorischen Bedeutung des Nationalismus in der modernen Welt sollte man meinen, dass es ganze Bibliotheken mit Fachliteratur gäbe. Tatsächlich liest man auch öfters die Floskel von der nicht mehr überschaubaren Flut an Nationalismusliteratur. In Wirklichkeit gibt es jedoch nur einen ziemlich schmalen Bestand an Studien, die sich auf der Höhe des derzeit möglichen Reflexionsniveaus bewegen und über die wichtigen Fragen zuverlässig informieren. Aus diesem durchaus noch überschaubaren Korpus an Literatur wird hier eine Auswahl präsentiert, die dem interessierten Leser im Hinblick auf allgemeine Probleme und dann vor allem auf den deutschen Nationalismus am ehesten weiterhelfen kann.

Am umfassendsten eingeführt wird man von einem der besten zeitgenössischen Kenner des Nationalismus, dem englischen Sozialwissenschaftler Anthony D. Smith, Nations and Nationalism in a Global Era, Oxford 1995; ders., National Identity, London 1991/ND 1993; ders., The Ethnic Origins of Nations, Oxford 1986; (vgl. auch W. Connor, Ethnonationalism, Princeton 1994 und J. A. Armstrong, Nations Before Nationalism, Chapel Hill 1982); ders., Theories of Nationalism, London 1983[2]; ders., Nationalism in the 20th Century, Oxford 1979. Zu den Klassikern der neuen Diskussion gehören: E. Gellner, Nationalismus u. Moderne, Berlin 1990 (engl. 1983); ders., Encounters with Nationalism, London 1995; ders., Nationalismus, Berlin 1999 (engl. 1997); B. Anderson, Die Erfindung der Nation, Frankfurt 1993[2] (engl. London 1983); E. J. Hobsbawm, Nationen u. Nationalismus, Frankfurt 1992[2] (engl. 1990); vgl. wegen der erstaunlichen Anregungen: ders. u. T. Ranger Hg., The Invention of Tradition, Cambridge 1983, 15. Aufl. 2000! Anregend sind R. Brubaker, Nationalism Reframed, Cambridge 1996; J. Breuilly, Nationalism and the State, Manchester 1993[2]; D. Langewiesche, Nation, Nationalismus, Nationalstaat in Deutschland u. Europa, München 2000; H. Schulze, Staat u. Nation in der europäischen Geschichte, ebd. 1995[2]; P. Alter, Nationalismus, Frankfurt 1985; H.-J. Puhle, Staaten, Nationen u. Regionen in Europa, Wien 1995.

Präzise Aufsätze zu zentralen Fragen: an erster Stelle der brillante Essay von F. W. Graf, Die Nation – von Gott „erfunden"? Zum Theologiebedarf der historischen Nationalismusforschung, in: G. Krumeich u. H. Lehmann Hg., „Gott mit uns". Nation, Religion u. Gewalt im 19. u. frühen 20. Jh., Göttingen 2000, 205–31; B. Estel, Grundaspekte der Nation, in: ders. u. T. Mayer Hg., Das Prinzip Nation in modernen Gesellschaften, Opladen 1994, 13–81; H. Mommsen, Nationalismus, in: ders., Arbeiterbewegung u. nationale Frage, Göttingen 1979, 15–60; ders., Nation u. Nationalismus in sozialgeschichtlicher Perspektive, in: W. Schieder

u. V. Sellin Hg., Sozialgeschichte in Deutschland, I, ebd. 1980, 162–185; H. G. Haupt u. C. Tacke, Die Kultur des Nationalen. Sozial- u. kulturgeschichtliche Ansätze bei der Erforschung des europäischen Nationalismus im 19. u. 20. Jahrhundert, in: W. Hardtwig u. H.-U. Wehler Hg., Kulturgeschichte Heute, ebd. 1996, 257–285; R. Stauber, Nationalismus vor dem Nationalismus? „Nation" u. „Nationalismus" in der Frühen Neuzeit, in: Geschichte in Wissenschaft u. Unterricht 47, 1996, 139–165; A. Suter, Nationalstaat u. „Tradition der Erfindung", in: Geschichte u. Gesellschaft 25, 1999, 480–503.

Unverändert perspektivenreich: E. Rosenstock-Huessy, Die europäischen Revolutionen u. der Charakter der Nationen (1932), Stuttgart 1960[3]/ND Moers 1976. Der Klassiker der Ideengeschichte des Nationalismus ist noch immer H. Kohn, Die Idee des Nationalismus, Frankfurt 1962[2] (engl. 1944). Einsichten, die heute als brandneu angepriesen werden, finden sich schon in: E. Lemberg, Nationalismus, 2 Bde., Reinbek 1964; vgl. ders., Geschichte des Nationalismus in Europa, Stuttgart 1950 und in: T. Schieder, Nationalismus u. Nationalstaat, Hg. O. Dann u. H.-U. Wehler, Göttingen 1992[2].

Ungemein stimulierend wirkte K.W. Deutsch, Nationalism and Social Communication, N.Y. 1953/ Cambridge/Mass. 1966[2]. Anregend war G.L. Mosse, Die Nationalisierung der Massen, Berlin 1976. Eine einflussreiche komparative Studie bleibt trotz dogmatischer Züge: M. Hroch, Die Vorkämpfer der nationalen Bewegung bei den kleinen Völkern Europas, Prag 1968 (vgl. ders., Social Preconditions of National Revival in Europe, Cambridge 1985). Zur Begriffs- und frühen Entwicklungsgeschichte: A. Kemilainen, Nationalism, Jyväskylä 1964. Anregend für die prinzipielle Kritik am Nationalismus: J. Habermas, Die postnationale Konstellation, Frankfurt 1998; ders., Inklusion vs. Unabhängigkeit. Zum Verhältnis von Nation, Rechtsstaat u. Demokratie, in: M. Hettling u. P. Nolte Hg., Nation u. Gesellschaft in Deutschland, München 1996, 115–127; ders., Der europäische Nationalstaat, in: ders., Die Einbeziehung des Anderen, Frankfurt 1996, 128–153; ders., Staatsbürgerschaft u. nationale Identität, in: ders., Faktizität u. Geltung, ebd. 1992, 632–660.

Über die vielfältigen Aspekte des Nationalismus unterrichten einige Sammelbände, in denen man Beiträge zu fast allen wichtigen Problemen schneller findet, als wenn man zahlreiche Monographien und an abgelegener Stelle publizierte Aufsätze durchmustert. Zu empfehlen sind: J. Hutchinson u. A. D. Smith Hg., Nationalism, Oxford 1994; A. D. Smith Hg., Nationalist Movements, London 1976; H. Berding Hg., Mythos u. Nation, Frankfurt 1996; ders. Hg., Nationales Bewußtsein u. kollektive Identität, ebd. 1994; P. Birnbaum Hg., Sociologie des Nationalismes, Paris 1997; G. Krumeich u. H. Lehmann Hg., „Gott mit uns". Nation, Religion u. Gewalt im 19. u. frühen 20. Jh., Göttingen 2000; H.-G. Haupt u. a. Hg., Regional and National Identities in 19th and 20th Century Europe, Leiden 1996; J.G. Beramendi u.a. Hg., Nationalism in Europe,

2 Bde., Santiago de Compostela 1994; H. Timmermann Hg., Die Entstehung der Nationalbewegungen 1750–1850, Berlin 1993; ders. Hg., Nationalismus u. Nationalbewegung in Europa 1914–45, ebd. 1999; U. Herrmann Hg., Volk – Nation – Vaterland, Hamburg 1996; P. Alter u.a. Hg., Die Konstruktion der Nation, München 1999; ders. Hg., Nationalismus, ebd. 1995; E. François u.a. Hg., Nation u. Emotion, Göttingen 1995; S. Periwal Hg., Theories of Nationalism, Budapest 1995; G. Eley u. R. Suny Hg., Becoming National, N.Y. 1995; E. Schmidt-Hartmann Hg., Formen des nationalen Bewußtseins im Lichte zeitgenössischer Nationalismustheorien, München 1994; H. A. Winkler u. H. Kaelble Hg., Nationalismus – Nationalitäten – Supranationalität, Stuttgart 1993; ders. Hg., Nationalismus in der Welt von heute, Göttingen 1982; ders. Hg., Nationalismus, Königstein 1985[2]; M. Jeismann u. H. Ritter Hg., Grenzfälle. Über alten u. neuen Nationalismus, Leipzig 1993; M. Porter u. M. Teich Hg., The National Question in Europe, Cambridge 1993; B. Giesen Hg., Nationale u. kulturelle Identität, Frankfurt 1991; P. Boerner Hg., Concepts of National Identity, Baden-Baden 1980; H. Schulze Hg., Nation-Building in Central Europe, Oxford 1987; ders. Hg., The Course of German Nationalism 1763–1867, Cambridge 1990; T. Schieder u. O. Dann Hg., Vergleichende Studien zur nationalen Vereinsbewegung in Europa, München 1978; ders. Hg., Staatsgründungen u. Nationalitätsprinzip, ebd. 1974; ders. u. P. Burian Hg., Sozialstruktur u. Organisation europäischer Nationalbewegungen, ebd. 1971; U. Puschner u.a. Hg., Handbuch zur „völkischen Bewegung" 1871–1918, ebd. 1996; O. Dann Hg., Nationalismus u. sozialer Wandel, Hamburg 1978.

Zum deutschen Nationalismus sind am anregendsten: M. R. Lepsius, Nation u. Nationalismus in Deutschland, in: H.A. Winkler Hg., Nationalismus in der Welt von heute, Göttingen 1982, 12–27; ders., Extremer Nationalismus (1966), in: ders., Demokratie in Deutschland, ebd. 1993, 511–57; ders., Der europäische Nationalstaat, in: ders., Interessen, Ideen u. Institutionen, Opladen 1990, 256–269; J. J. Sheehan, Nation u. Staat. Deutschland als „imaginierte Gemeinschaft", in: M. Hettling u. P. Nolte Hg., Nation u. Gesellschaft in Deutschland, München 1996, 33–45; ders., The Problem of the Nation in German History, in: O. Büsch u. ders. Hg., Die Rolle der Nation in der deutschen Geschichte, Berlin 1985, 3–20; D. Langewiesche u. G. Schmidt Hg., Föderative Nation, München 2000; W. Hardtwig, Nationalismus u. Bürgerkultur in Deutschland 1500–1914, Göttingen 1994; ders., Geschichtskultur u. Wissenschaft, München 1992; B. Giesen, Die Intellektuellen u. die Nation, Frankfurt 1993; ders., Kollektive Identität. Die Intellektuellen u. die Nation, II, ebd. 1999; O. Dann (Nation u. Nationalismus in Deutschland, München 1996[3])bietet eine anfechtbare Darstellung mit dem der gesamten internationalen Forschung entgegenstehenden Postulat, zwischen einem edlen Patriotismus, vor allem in der sozialdemokratischen Nobelform seit 1990, und einem bösartigen Nationalismus zu unterscheiden. Auch in der Interpretation ist der Band von der neueren Nationalismusdiskussion seit 1983 unberührt geblieben. Umfassend zur Begriffsgeschichte: R. Koselleck u.a., Volk, Nation, Nationalismus, Masse, in: Geschichtliche Grundbegriffe, VII, Stuttgart 1992, 141–431 (brillant darin Karl Friedrich Werner über die nationalistischen Fehlkonstruktionen der Mediävisten).

Der beste Gesamtüberblick bis zum Vormärz: J. Echternkamp, Der Aufstieg des deutschen Nationalismus, 1770–1840, Frankfurt 1998. Wichtig sind: M. Jeismann, Das Vaterland der Feinde. Studien zum nationalen Feindbegriff u. Selbstverständnis in Deutschland u. Frankreich 1792–1918, Stuttgart 1992; A. Kemilainen, Auffassungen über die Sendung des deutschen Volkes um 1800, Helsinki 1965; H. Gramley, Propheten des deutschen Nationalismus: Historiker, Theologen, Nationalökonomen in Deutschland 1830–1880, Frankfurt 2001; H. Schulze, Der Weg zum Nationalstaat bis 1871, München 1985; D. Düding, Organisierter gesellschaftlicher Nationalismus in Deutschland 1808–1847, ebd. 1983; J. Breuilly, The Formation of the First German National State 1800–1871, London 1976; ders. Hg., The State of Germany. The National Idea of a Modern Nation-State, ebd. 1992; D. Gosewinkel, Staat – Nation – Volk. Staatsangehörigkeit u. Einbürgerungspolitik vom Deutschen Bund bis zur Bundesrepublik, Göttingen 2001. Ausführlich zur Problematik auch H.-U. Wehler, Deutsche Gesellschaftsgeschichte I: 1700–1815, München 1996[3], 506–530; II: 1815–1849, ebd. 1996[3], 394–412; III: 1849–1914, ebd. 1996[3], 228–251, 938–965, 1067–1085; die Nationalismus-Aufsätze in: ders., Krisenherde des Kaiserreichs 1871–1918, Göttingen 1979[2], 23–69, 184–248; ders., Historische Sozialwissenschaft u. Geschichtsschreibung, ebd. 1980, 151–160; ders., Die Gegenwart als Geschichte, München 1995, 127–188; ders., Politik in der Geschichte, ebd. 1998, 55–66; ders., Umbruch u. Kontinuität. Essays zum 20. Jahrhundert, ebd. 2000, 47–83. Zur Entwicklungsgeschichte nach der 1848er Revolution ist vorzüglich die Elitenanalyse von A. Biefang, Politisches Bürgertum in Deutschland 1857–1867. Nationale Organisationen u. Eliten, Düsseldorf 1994; methodisch innovativ in der Nutzung von Bourdieus Habitus-Konzept: S. Goltermann, Körper der Nation. Habitusformierung u. Politik des Turnens in Deutschland 1850–1890, Göttingen 1998; ein Vergleich von folgenreichen Symbolen: C. Tacke, Denkmal im sozialen Raum. Nationale Symbole in Deutschland u. Frankreich im 19. Jahrhundert, ebd. 1995; weniger präzise J. Vogel, Nationen im Gleichschritt. Der Kult der „Nation in Waffen" in Deutschland u. Frankreich 1871–1914, ebd. 1997; vorzüglicher Längsschnitt. A. Etges, Wirtschaftsnationalismus. USA u. Deutschland im Vergleich 1815–1914, Frankfurt 1999; als Beweise für den Gewinn durch die „neue Kulturgeschichte": S.-L. Hoffmann, Die Politik der Geselligkeit. Die Freimaurer in Deutschland 1840–1914, Göttingen 2000; H.W. Smith, German Nationalism and Religious Conflict. Culture, Politics, Ideology 1870–1914, Princeton 1995; A. Confino, The Nation as Local Metaphor. Württemberg, Imperial Germany, and National Memory 1871–1918, Chapel Hill 1997. Als Parteistudie aufschlussreich: H. Hagenlücke, Die Deutsche Vaterlandspartei, Düsseldorf 1996. Zum Nationalismus nach 1918: H. Mommsen, Nationalismus in der Weimarer Republik, in: O. Dann Hg., Die deutsche Nation, Vierow 1994, 83–95; S. Breuer, Der neue Nationalismus in Weimar, in: H. Berding Hg., Mythos u. Nation, Frankfurt 1996, 257–274. Zu allgemeinen Fragen auch W.J. Mommsen, Nation u. Geschichte, München 1990. Eine Monographie zum Nationalismus im „Dritten Reich" steht noch immer aus.

Personenregister

Buchanzeigen

Hans-Ulrich Wehler bei C.H.Beck

Umbruch und Kontinuität
Essays zum 20. Jahrhundert
2000. 342 Seiten. Paperback
(Beck'sche Reihe Band 1400)

Politik in der Geschichte
Essays
1998. 269 Seiten. Paperback
(Beck'sche Reihe Band 1240)

Die Herausforderung der Kulturgeschichte
1998. 160 Seiten. Paperback
(Beck'sche Reihe Band 1276)

Entsorgung der deutschen Vergangenheit?
Ein polemischer Essay zum „Historikerstreit"
2. Nachdruck1988. 249 Seiten. Paperback
(Beck'sche Reihe Band 360)

Scheidewege der deutschen Geschichte
Von der Reformation bis zur Wende 1517–1989
1995. 255 Seiten. Paperback
(Beck'sche Reihe Band 1123)

Bibliographie zur neueren deutschen Sozialgeschichte
1993. 439 Seiten. Broschiert
(C.H.Beck Studium)

C.H.BECK ■ WISSEN

in der Beck'schen Reihe

Zuletzt erschienen: